U0137470

文化广西

风物

广西山水文化

黄伟林 著

广西教育出版社

图书在版编目（CIP）数据

广西山水文化 / 黄伟林著 . — 南宁：广西教育出版社，2021.6
（文化广西）
ISBN 978-7-5435-8952-0

Ⅰ.①广… Ⅱ.①黄… Ⅲ.①山—文化—广西 ②水—文化—广西
Ⅳ.① K928.3 ② K928.4

中国版本图书馆 CIP 数据核字（2021）第 080570 号

出 版 人	石立民	**责任编辑**	张星华	周栩宇
出版统筹	郭玉婷	**责任校对**	陆嫚澄	覃肖澁
设计统筹	姚明聚	**美术编辑**	杨　阳	
印制统筹	罗梦来	**责任印制**	蒋　嫒	
		书籍设计	姚明聚　徐俊霞　刘瑞锋	
			唐　峰　魏立轩	

出　　版	广西教育出版社
	广西南宁市鲤湾路 8 号　邮政编码　530022
发行电话	0771-5865797
印　　装	广西广大印务有限责任公司
开　　本	1230 mm × 880 mm　1/32
印　　张	6.5
字　　数	100 千字
版　　次	2021 年 6 月第 1 版　　2021 年 6 月第 1 次印刷
书　　号	ISBN 978-7-5435-8952-0
定　　价	28.00 元

如发现印装质量问题，影响阅读，请与出版社发行部门联系调换。

前　言

◆

　　山水是一个特定的概念，这个概念在中国有双重内涵。首先指的是自然层面的山水，即大自然中的山和水；其次指的是文化层面的山水，即人类在自然山水中创造的精神文化。

　　也就是说，在中国人看来，山水不仅是眼睛直观看得见的景物，而且是与哲学、美学、文学、艺术相关的对于美好自然的理解。中国人将在大自然中进行的快乐活动称为游山玩水，把山水看成比美酒更能给人快乐的存在。宋代欧阳修有"醉翁之意不在酒，在乎山水之间也"的感慨。美酒固然能够让人陶醉，但只是人的身体陶醉其中；山水更能让人陶醉，因为是人的心灵陶醉其中。用尼采的酒神与日神两个概念做类比，山水接近日神，它给予人的是一种理智的快乐。快乐而且理性，这是一种很高的境界。对于中国文化而言，山水不是简单的自然存在，而是能够进入中国人内心的、融理智和感情于一体的审美对象。

　　山水文化是一个庞大的多学科体系，包括山水地理、山水历史、山水哲学、山水美学、山水宗教、山水风俗、山水文学、山水艺术、山水建筑、山水美食等。中国山水文化不仅有一个丰富

多元的体系，而且形成了天人合一的宇宙观；不仅博大精深，而且充满魅力。说山水文化博大精深，是因为其涉及诸多学科知识；说山水文化充满魅力，则是因为山水文化既可以取悦人的五感，又能够陶冶人的心灵，使人获得身体和精神的双重享受。像山歌、龙舟、山水摩崖、山水诗、山水画、山水园林等，都是极具中国特色的山水文化，是令中国人沉醉其中乐此不疲的文化享受，亦是令外国人为之震撼并好奇追慕的文化奇观。

中国山水文化博大精深，迄今为止对其进行系统性总结的专著尚不多见。研究者们往往从各自的学科进入山水文化体系，如山水诗、山水画、山水园林等。目前我们看到的冠之以山水文化名称的专著主要有陈水云编著的《中国山水文化》、张互助著的《中国古代山水绿色文化》、过竹和黄利群主编的《山水文化》，以及段宝林主编的《中国山水文化大观》，其中，前三本属于系统性理论著作，后一本主要是对名山胜水的介绍。李俊康、曾强撰著的《八桂山水文化》单就广西山水文化做系统的阐述。此外，范阳主编的《山水美论》虽然不以山水文化命名，但亦从美学的视角建构了山水文化体系。

桂林山水甲天下，广西无处不桂林。这句话表明广西是山水地貌发育极其充分的地区。然而，长期以来，人们对广西山水的理解更多地停留在山水地理的层面。说起广西山水，人们往往只会联想到桂林漓江、金秀瑶山、北海银滩、德天瀑布、乐业天坑这些自然景观，或者峰林、峰丛、洞穴、暗河、天坑、天窗这些地理名词。在许多人心目中，广西只有秀丽的自然风景，而缺乏迷人的人文景观。这其实是偏见。因此，笔者讲述广西山水文化时，在借鉴众多当代学者研究成果的前提下，会有意识地回到古代广西的历史文献，通过解读原始文献，去介绍广西的山水风物、山水风俗及各种山水文化遗产。唯有如此，才能更真实地反映广西山水文化的原本面貌。

由于篇幅、时间及个人学力的局限，这本关于广西山水文化的小书，介绍的只是广西山水文化的万千之一。山水文化涉及的学科门类很多，本书只能选择某些笔者自身有一定基础的门类进行解读。各个学科的知识理论丰深，本书只能在其边缘浅尝辄止。所谓"弱水三千，取一瓢饮"，说的正是笔者写作本书的状态。

目　录

山水天地

岩溶地貌：最出美景的地貌 　　　　　　　　　　3

名山胜水：珍稀性和垄断性的自然遗产 　　　　　10

诗意栖居：将家用山水围护起来 　　　　　　　　19

山水之道

天人合一：人与自然互为知己 　　　　　　　　　33

刚柔相济：山水相映，美不胜收 　　　　　　　　40

山水宗教：青山绿水有真谛 　　　　　　　　　　50

山歌

歌海八桂：山水间飘荡着天籁 　　　　　　　　　61

活的山歌：无事不歌，无时不歌，无处不歌 　　　70

歌仙三姐：永葆青春的广西形象代言人 　　　　　84

山水文学

山水传说：对遥远时空的想象 　　　　　　　　　95

山水诗：以山川之灵气陶冶性情 　　　　　　　　105

山水散文：发现遐荒之大美　　　　115

山水画

仙山想象：用画笔描绘缥缈梦境　　　　123

奇峰草稿：写尽真实山水的生动活泼　　　　129

原型写真：中国山水画的桂林时期　　　　134

山水摩崖

摩崖岩画：古代骆越人与自然的对话　　　　147

摩崖石刻：山川之胜兼得翰墨之韵　　　　152

摩崖造像：赋予山水人文多元价值　　　　160

山水生活

山水民族：诗意浪漫的山水生活　　　　169

山水风俗：多姿多彩的民族风情　　　　179

山水美食：好山好水盛产好食材　　　　186

后记　　　　197

山水天地

广西有山国之称。广西山之多凭直观的视觉即可感受。六万大山、九万大山、十万大山，这些数字化的山名似乎也在表明广西山多的事实。著名五岭中的越城岭、都庞岭和萌渚岭就在广西。按区域分布，自西而东，广西北部有凤凰山、九万大山、大苗山、天平山、猫儿山、越城岭、海洋山、都庞岭；广西中部有都阳山、大明山、架桥岭、大瑶山、萌渚岭、大桂山；广西南部有十万大山、罗阳山、六万大山、大容山、云开大山等。

广西河流众多，分属四大水系。珠江流域西江水系主要河流有漓江、桂江、融江、柳江、红水河、黔江、浔江、南盘江、右江、左江、邕江，这些河流在梧州汇成西江进入珠江。长江流域湘江、资江水系主要河流有湘江、资江。独流入海水系的河流有南流江、钦江、防城江、北仑河、大风江、茅岭江、九洲江等。红河流域百都河水系，分布于百色市那坡县，是越南红河水系支流松甘河的上游。

岩溶地貌：最出美景的地貌

　　岩溶地貌即喀斯特地貌，指地表可溶性岩石受水的溶解作用和伴随的机械作用所形成的各种地貌。

　　1931 年，中国出版的一部《地质辞典》中首次出现 karst 这一名词，此后沿用喀斯特这个音译名词。1966 年，中国地质学会第一届喀斯特学术会议在桂林召开，会上专家建议以岩溶取代喀斯特一词。从此形成了两词同指一种地貌形态的局面。

　　地貌学专家普遍认为喀斯特是最出美景的地貌。比如以喀斯特峰林和峰丛为主要特色的桂林山水，以峡谷风光闻名的长江三峡，还有以剑状喀斯特著称的云南石林。

　　2011 年，《中国国家地理》组织评选"中国喀斯特景观之最"，评审专家将中国喀斯特分成秀美峰林、峻美峡谷、奇美石林、幽美溶洞和壮美天坑五种类型。广西是唯一五种景观类型都有景点入选的省级行政区。其中，秀美峰林 13 个景观，广西占 9 个；峻美峡谷 12 个景观，广西占 1 个；奇美石林 5 个景观，广西占 1 个；幽美溶洞 56 个景观，广西占 23 个；壮美天坑 15 个景观，广西占 7 个。全国一共 101 个最美喀斯特景观，广西占 41 个，超过

40%。也就是说，接近一半的中国喀斯特美景在广西。

在所有喀斯特景观中，峰林是最美景观。全国13个秀美峰林景观，广西占9个，即2/3以上的全国最美喀斯特景观在广西。

《中国国家地理》执行总编单之蔷在《广西处处是桂林》一文中指出：

广西的碳酸盐岩面积占了整个自治区面积的41%，由东北往西，有大面积的喀斯特地貌出露，东南方向也有零星的分布。再加上广西地处亚热带季风区，降水丰富，给喀斯特地貌的发育提供了极佳的条件，因而这里保存了最典型、最丰富多样的喀斯特地貌形态。其中，峰林峰丛是广西为我们提供的最经典的地貌形态。峰林就是锥状和塔状喀斯特的统称。如果塔状喀斯特间有基座相连，五六个山峰成一丛，中间圈起与外界隔绝的洼地，就叫作峰丛洼地；如果喀斯特石峰之间互相隔离，成为一片平原上残留着一个个孤峰的形态，且地表通常发育有密集、弯曲的水系，就叫作峰林平原。桂林就是峰林峰丛景观的代表。大自然似乎偏爱广西，给了个桂林还不够，还处处都撒上了"小桂林"。除了沿海的城市，广西各城都有峰林平原。

中国地质学会洞穴研究会荣誉会长、岩溶学专家朱学稳说：

中国是世界上喀斯特地貌分布最广泛、发育最充分、类型最齐全的国家，而峰林、峰丛景观又是喀斯特地貌中最典型、最完美的类型，桂林是世界喀斯特峰林、峰丛地貌发育最典型、最精彩、最具观赏性的地区。

由此可见，"桂林山水甲天下"不只是诗人夸张的文学性表述，而是具有科学依据的结论。这句妇孺皆知的名言在科学研究的支持下，还可以进一步扩展为"桂林山水甲天下，广西处处是桂林"，或"桂林山水甲天下，广西是个大桂林"。

如果说，王正功是在800多年前确认了桂林山水甲天下，那么，徐霞客则是在300多年前确认了广西处处是桂林。翻阅《徐霞客游记》，可以清楚地感受到徐霞客面对广西山水的惊讶之情。

在桂林游览伏波山，徐霞客写道：

鼓枻回樯，濯空明而凌返照，不意身世之间有此异境也。（摇桨回帆，乘着落日，驶舟在明澈的江水，意想不到人世间有此等奇异的胜境！）

在容县游览都峤山，徐霞客写道：

其间横突之崖，旁插之峰，与夫环涧之田，傍溪之室，逯览近观，俱无非异境。（山间横突的山崖，旁插的峰峦，与那些环绕着山涧的水田，依傍着溪流的房屋，远览近观，无处不是

柳州市鹿寨县香桥岩溶国家地质公园

奇异之境。)

在扶绥航行于左江之时，徐霞客写道：

余谓阳朔山峭濒江，无此岸之石；建溪水激多石，无此石之奇。虽连峰夹嶂，远不类三峡；凑泊一处，促不及武彝；而疏密宛转，在伯仲间。至其一派玲珑通漏，别出一番鲜巧，足夺二山之席矣。（我认为阳朔的山势陡峭濒临江流，却没有此地岸上的石美；建溪水流湍急岩石很多，却没有此地岩石的奇特。虽然峰峦连接相夹，远不像三峡；聚集在一处，紧凑赶不上武夷山；可是疏密有致蜿蜒之处，不相上下。至于它一派玲珑剔透的风光，更显出一番新奇精巧的意趣，足以夺取那两座山的地位了。）

当船行于崇左水域的时候，徐霞客竟得出这样的结论：

舟中仰眺，碧若连云驾空，明如皎月透影，洞前上下，皆危崖叠翠，倒影江潭，洵神仙之境。首于土界得之，转觉神州凡俗矣。（从船中仰面眺望，拱起来的岩石如连片的云彩在空中奔跑，明亮得好像皎洁的月亮透射出的光影，洞前边上下之处，都是危崖重叠满山翠色，倒影映在江边，真是神仙之境。首先在土司辖境内见到这景，反而觉得中原神州大地都是平庸的了。）

● 崇左左江风光

　　异境、神仙之境，这都是徐霞客对广西的直观感受。不妨把这两个词作为徐霞客对广西山水的总体评价。在徐霞客眼里，广西是真正的神仙之境，如此风景竟然出现在少数民族地区，相比之下，中原大地都显得平淡无奇了。

名山胜水：珍稀性和垄断性的自然遗产

2005 年，《中国国家地理》组织了一个由 5 位中国工程院院士、7 位中国科学院院士，以及邵大箴、范迪安、聂振斌等著名美术家、美学家组成的"选美中国总评审委员会"，对中国景观进行"选美"。他们把中国的景观分成 15 个类别，在数百位国内相关专家的帮助下，完成了 15 类景观的最美排行榜。

广西共有 4 个景观进入排行榜：资江 – 八角寨 – 崀山丹霞地貌入选中国最美的七大丹霞，排名第五；桂林阳朔入选中国最美的五大峰林，排名第一；德天瀑布入选中国最美的六大瀑布，排名第二；涠洲岛入选中国最美的十大海岛，排名第二。此外，广西还有 3 处景观入围最美排行榜：钦州三娘湾、北海银滩入围中国最美的海岸，桂林阳朔西街入围中国最美的乡村古镇。

我们不妨看看《中国国家地理》如何评价进入排行榜的 4 个广西景观。

资江 – 八角寨 – 崀山丹霞地貌位于湘桂交界处的越城岭腹地，八角寨景区内有上百座奇峰怪岩巍然耸立，方山、丹峰、石柱、赤壁、壁洞、巷谷等形态万千。螺蛳山有 4 座一两百米高的巨大

● 八角寨

锥状石峰，这些石峰顶尖、座圆、带有线条生动优美的圈状螺纹，犹如大海螺。站在开凿在悬崖绝壁上的全景区的制高点——龙头香环视八角寨全景，可见万山连绵，起伏如潮，该景观被称为"青峰赤壁丹霞魂"。专家评语：从长江支流资江源头的崀山到八角寨，是一处连绵百里的巍巍山地，资江的一带清流将众多的丹霞地貌景观串在一起。站在山顶上，赤红峰丘望不到尽头，深峡谷壑探不到底处；走向谷地深部，移步迭现奇景，田野散见人家，雄奇不失雅静，刚烈蕴含柔情。这是丹霞的又一种风格和情趣。

德天瀑布位于中国广西崇左市大新县硕龙镇和越南高平省重庆县玉溪镇交界的边境线上，从德天屯至硕龙镇一段以归春河为

● 德天瀑布

天然国界。归春河源出广西靖西市，全长 150 余千米，流经越南，迂回 35 千米后复返，"归国遇春"是当地边民赋予它的美好寓意。归春河于德天屯附近浦汤岛遇断崖，形成瀑布，因地而名德天瀑布。瀑布三级跌落，落差 70 余米，最大宽度 200 余米，年均流量 50 立方米每秒，是黄果树瀑布的 5 倍。专家评语：壮观秀美，风景如画，梦中仙女；处于国界界河上，平添了一些神秘感；得天独厚，四季飞瀑，风情如画，雄奇壮观。

润洲岛位于北海市南面，南北长约 6 千米，东西宽约 5 千米。因属水围之洲，故名润洲岛。润洲岛是中国最年轻的火山岛，其地层是第四纪火山活动形成的火山岩和火山喷出岩，因而岛的南部有大量的火山地貌景观。因火山爆发而被烧灼、积压留下的石壁、石台线条怪诞。色彩绚丽、造型奇特的海蚀地貌散布在岛屿沿岸，海蚀洞、海蚀沟、海蚀龛、海蚀崖、海蚀柱、海蚀台、海蚀残丘、海蚀蘑菇等景色，奇妙又壮观。涠洲岛北部以海积地貌为主，有沙堤、沙滩及礁坪，平坦开阔，景色宜人，海底又有绚烂多姿的珊瑚。丰富多样的滨海景色令涠洲岛有南海"蓬莱岛"的美称，被誉为"水火雕出的作品"。专家评语：人文景观林立，海蚀地貌荟萃。

值得指出的是，在中国110多个进入最美景观排行榜的景观中，只有一个景观的命名有山水一词，即"桂林阳朔：山水相依的画廊"。

此处的桂林阳朔特指从桂林象鼻山到阳朔碧莲峰的83千米水程，这一段可谓漓江最美的景色。清澈的漓江水在峰林之间蜿蜒，青山倒映水中，山水相映，构成了一幅绚丽的自然画卷。专家评价其为"世界最典型、发育最完美的湿润热带亚热带岩溶峰林地貌，峰林平原更是世界陆地上分布面积最大、景观美学价值最高，具有珍稀性和垄断性的自然遗产"。专家认为，桂林阳朔之美主要在其峰丛、峰林，加之漓江在其间蜿蜒流动，更具备了水墨山水的魅力。

科学家用词与文学家用词是不同的，文学家的语言通常夸张、感性，科学家的语言则审慎、理性。然而，在这里，科学家评价桂林阳朔景观时，用了"美学价值最高""珍稀性和垄断性"这些极端性词语。由此可见，桂林山水确实不负"甲天下"的美名，

达到了美的极致。

山水一词有时被翻译为山与河，然而，广西山水并不局限于山与河，还包括山与海。涠洲岛成功入选中国最美的海岛，排名第二，仅次于西沙群岛。虽然在"中国最美的八大海岸"中，广西海岸榜上无名，但钦州三娘湾、北海银滩却进入了总共19名的入围名单。由此可见，广西的海洋景观同样具有非同寻常的魅力。

● 北海银滩

　　钦州三娘湾是被北海、钦州和防城港三座城市环抱的海湾，位于钦州市钦南区犀牛脚镇，南临北部湾，背倚乌雷岭，有沙滩、红树林、渔村、奇石等多种景观。海湾东侧海域常年生活着白海豚、灰海豚等，其中以素有"海上大熊猫"美称的中华白海豚最为珍贵。三娘湾是中国观看海豚的最佳海域之一。

　　银滩位于北海市南部海岸线，东起北海半岛的大冠沙，西至

冠头岭，绵延 24 千米，为中国大陆海岸最长的沙滩。银滩以滩长、沙细、水净、波平、浪软赢得"天下第一滩"的美誉。

2006 年，广西榜样国际传媒对广西风景进行了全面梳理，将广西风景分成最美山岳、最美岩洞、最美森林、最美河流、最美漂流胜地、最美峡谷、最美湖泊、最美海岸、最美自然奇观、最美村落、最美民俗风情、最美田园、最美古建筑、最美城市景观、最美人文奇观 15 个类型，综合评定了 109 处他们眼中最美的广西风景。

其中，最美山岳包括八角寨、大明山、都峤山、姑婆山、猫儿山、圣堂山、西山和元宝山。

最美岩洞包括碧水岩、恩村岩、勾漏洞、冠岩、金伦洞、罗妹莲花洞和银子岩。

最美森林包括花坪森林、木论森林、弄岗森林和十万大山森林。

最美河流包括贝江、澄江、穿洞河、黑水河、剑江、漓江、临江河和盘阳河。

最美漂流胜地包括布柳河漂流区、古龙山峡谷群漂流区、五排河漂流区和资江漂流区。

最美峡谷包括百朗大峡谷、百崖峡谷、六甲峡和通灵大峡谷。

最美湖泊包括澄碧湖、大龙湖、金龙湖、渠洋湖、天湖和星岛湖。

最美海岸包括北部湾红树林、江山半岛海岸、金滩、三娘湾和银滩。

最美自然奇观包括大石围天坑群、德天瀑布、七百弄、七十二泾、三门海、涠洲岛和香桥岩。

最美村落包括长岗岭村、程阳八寨、大芦村、高定寨、高山村、黄姚古镇、江头村、旧州村、那岩古寨、秀水村和月岭村。

最美民俗风情包括德峨圩场、侗族大歌、敢壮山壮族歌圩、苗族坡会、那坡壮族风情、南丹瑶族风情、瑶族打油茶、彝族火把节、游彩架和壮族天琴弹唱。

最美田园包括不孤葵林、茶山"金字塔"、大岭山桃花园、大新田园、德保红枫林、公安"十里画廊"、海洋银杏林、靖西田园、岭脚茉莉田园、南丹油菜花海、上金"人间仙境"和阳朔田园。

最美古建筑包括大士阁、江氏客家围屋、经略台真武阁、靖江王城、柳侯祠、龙母庙、莫氏土司衙署、文庙–武庙、燕窝楼和左江斜塔。

最美城市景观包括北海老街、两江四湖环城水系、南宁国际会展中心、梧州骑楼和云天文化城。

最美人文奇观包括桂海碑林、红水河水利工程、花山崖壁画、灵渠、龙脊梯田、《印象·刘三姐》和愚自乐园。

需要说明的是，上述的自然风光，经过千百年来哲学、美学、文学等的浸润，被赋予了丰富多彩的人文内涵。因此，它们不再是单纯的自然风光，而是成为自然与人文浑然一体的存在。在接下来的篇章中，我们的目的不是描绘广西名山胜水的形状样貌、声色光影，而是解读其何以名、何以胜。我们将看到广西的名山

胜水具有的多民族文化内涵，也将看到广西的历史人文带有的山水生气和灵性，以及它们如何得山水之助，成就其丰富繁荣、和谐美妙的魅力。

● 桂林市靖江王城

诗意栖居：将家用山水围护起来

　　1906年至1909年，德国建筑师恩斯特·伯施曼跨越了包括广西在内的中国12个省份，对中国建筑进行了考察，他指出："世界上在景观方面最值得注意的城市之一是桂林。城市坐落在一片广阔的平原上，从这片平原上直接耸立起数不清互不连接的陡峭山峰，赋予这片土地极强的个性，好像一片巨大的金字塔之地。城墙利用了几座在北面挤在一起的山峰作为城市的精神保护。桂林几乎所有的山中都有美丽的洞穴。城市东面的七星岩横穿了整座山。城东南有一块奇特的山岩，形状好像大象，它的长鼻伸在水中，好像在喝水，上面矗立着一座风水宝塔。"

　　其实，这只是恩斯特·伯施曼用其德国人的眼睛看到的桂林。如果他懂得中国文化，就会发现，桂林不仅拥有"金字塔"，更重要的是，桂林以独秀峰为中心，虞山、叠彩山、铁封山构成了这座城市北面的父母山，七星山和屏风山、老人山和骝马山分列城市东西两侧，象鼻山和雉山成为城市南面的案山，更南面的穿山、斗鸡山和南溪山成为朝山。这个山岳布局正好符合了左青龙（东面）、右白虎（西面）、前朱雀（南面）、后玄武（北面）的风

桂林象鼻山

水格局。东面的漓江、西面的桂湖则成为桂林的护城河，而漓江上游的大面圩和下游的龙门村则构成了风水格局中来水的天门与去水的地户。

中国人内心深处最理想的居住模式是什么？换言之，最好的风水是什么？单之蔷曾就这个问题请教北京大学的俞孔坚教授。俞孔坚教授的回答是：依山面水，附临平原，左右护山环抱，眼前朝山、案山拱揖相迎。用风水的话说就是"左青龙、右白虎、前朱雀、后玄武"。

中国人这种理想的居住景观模式的最大特点是：将家用山围护起来。更确切地说，是"将家用山水围护起来"。如果放大到理想的城市景观模式，那就是"将城市用山水围护起来"。南宋诗人刘克庄有关桂林城的名句正好描述了这种理想的城市景观模式：千峰环野立，一水抱城流。

当代散文家梁衡在散文《永远的桂林》中谈道：人不但美食、美衣，还讲究择美而居。一种办法是选一块极富自然美的地方安营扎寨，这就是桂林。是的，广西，就是广西各族人民选来安营扎寨的一块极富自然美的地方，借用德国诗人荷尔德林的诗句来描述，就是——"人，诗意地栖居"。

下面，我们从山水村落、山水古镇、山水园林三种居住类型中各取典型略做介绍。

山水村落，我们介绍壮族旧州村、侗族程阳八寨和汉族秀水村。

旧州村，位于有"小桂林"之誉的百色市靖西市，建于唐代，已有1000多年历史，是广西壮族"活的博物馆"。旧州自古为壮

族聚居地，自然环境优美、壮族风情浓郁，两条老街呈"丁"字形排布，竖街尽头是青山，横街背靠鹅泉河，有着边地生活简单而本真的韵味。旧州村以绣球制作工艺闻名。绣球是壮族青年男女的定情物，亦是壮族人家的吉祥物。旧州村绣球制作历史长达400多年，品种繁多，工艺精湛，造型美观，内涵丰富。2005年，中国第一座壮族生态博物馆——广西靖西旧州壮族生态博物馆在

● 靖西旧州

旧州建成。

　　程阳八寨，位于柳州市三江侗族自治县林溪乡平岩村、程阳村和平铺村，由马安、平寨、岩寨、平坦、大寨、东寨、平铺、吉昌 8 个依山水走势相互连接的自然寨屯组成。在程阳八寨 30 多平方千米的区域内，有保存完好的 2000 多座吊脚木楼、9 座鼓楼和 5 座风雨桥。侗族古俗遗存的"偷"新娘、集体婚礼、百家宴、

● 三江程阳风雨桥

送糍粑、鼓楼多耶（集体歌舞）、抢花炮等原生态民俗活动丰富
多彩，故程阳八寨有"百节之乡"的美誉。侗族是个逐水而居的
民族，因此必须架桥。风雨桥不仅方便水上交通，而且遮风挡雨，
在侗族人的观念中，风雨桥还是沟通阴阳两界的"生命桥"和护
寨纳财的"幸福桥"。平岩村马安屯前的永济桥是三江侗族自治
县 111 座风雨桥中最为精致美观的一座，横跨林溪河，为石墩木
结构楼阁式建筑，集廊、亭、塔三者于一身，1912 年建造，在几
经洪水冲击倒塌后又进行重修。它是侗族架桥艺术的典范，是中

国木构建筑中的艺术珍品。1982年，程阳永济桥入选全国重点文物保护单位。

秀水村，位于贺州市富川瑶族自治县朝东镇，由水楼、八房、安福、石余四个自然村组成。石鼓河、鸟源河、黄沙河在秀水村汇入富川第二大河秀水河。唐开元年间（713—741），贺州刺史毛衷辞官定居秀水，开宗散枝，距今近1300年。秀水村以山河为屏障，不仅有岭南秀美的山水风光，还有毛氏宗祠、状元楼、进士门楼、古戏台、石板街巷等古建筑和明清风格的民居村落。

村里还保留着上至皇帝下到知县赐封、贺赠的匾额，匾款花式各异、琳琅满目，堪称天然的"中国文教历史博物馆"。唐代以来，秀水村出了 26 个进士和 1 个状元，是著名的状元村。2012 年，秀水村被列入第一批中国传统村落。

山水古镇，我们介绍黄姚古镇和大圩古镇。

黄姚古镇位于贺州市昭平县东北部的喀斯特地貌区，发祥于宋开宝年间（968—976），鼎盛于清乾隆时期（1736—1795），面积约 3.6 平方千米。古镇周边奇峰耸立，古木参天，清流环绕。

● 贺州黄姚古镇

古镇内，300 多座岭南建筑风格的清代民居按九宫八卦阵式分布，面积 1.6 万平方米。另有石板街 8 条，亭台楼阁 10 余处，寺观庙祠 20 余座，特色桥梁 11 座，楹联 197 副，匾额 50 余块。1945 年，何香凝、欧阳予倩、千家驹、梁漱溟、高士其等大批文化名流和民主爱国人士从桂林疏散到黄姚，创办《广西日报》昭平版，建立学校、图书馆，开展群众文化活动，抗战文化盛极一时。

　　大圩古镇位于桂林市灵川县大圩镇，为桂北水运、集市名镇。汉代时已有居民点，北宋时已是商业繁华的集镇和水运枢纽，别称"长安市"；南宋末设立了务税关，驻有务税使，有了固定圩期；明代时被称为广西四大圩镇之首。抗日战争时期，人口云集，有"小桂林"之谓。著名商号较多，曾有"四大家""八中家""十二小家"，素有"小生意家家做，小加工有特色"的传统。1921 年12 月，孙中山一行在大圩镇塘坊码头登岸，孙中山向欢迎民众致敬并做南北统一的即席演讲。现尚存 1000 余米的石板古街道，街道两侧保留 200 余户清代至民国的青砖大宅和板壁小铺面。青砖大宅系硬山式砖木结构，抬梁屋架，覆盖小青瓦，清水墙面，高壁深院，廊檐门楣多有雕饰，巨石门框，里置厚木门，外加推龙门，院内三开间二进深，分别是会馆与富商的用宅。板壁小铺面以全木结构居多，抬梁屋架，覆盖青瓦，板壁墙面，板壁柜台，布局为前店后仓，楼上住人，屋后的披厦作厨房，数十户一道风火墙。街间马河上，横跨清代修筑的青石高拱桥，主街西侧临江，每隔十几户，有一条通往漓江的码头石板巷，共有 10 个码头、10 条石板巷。

● 桂林大圩古镇

山水园林，我们介绍雁山园。

雁山园位于桂林市雁山区雁山镇，是清代大岗埠官绅唐仁、唐岳父子的私家别墅，是一座融自然山水、古典建筑、古树名花为一体的岭南名园。南北长约500米，东西宽约330米，占地面积约16万平方米，周筑围墙、碉堡，布有真山实水。北有乳钟山，南有方竹山，各高约50米，山上怪石嶙峋，林木苍翠。方竹山下有桃源洞，亦名相思。南北贯穿，上下两层，上洞南壁有1937年春国民政府主席林森题刻的"山明水秀"摩崖石刻，北端有清朝两广总督岑春煊的画像和购此园相赠省府的纪事摩崖石刻。主要建筑有涵通楼、碧云湖舫、澄研阁、红豆院、花神祠、琳琅仙馆、绣花楼、戏台等。相思江横贯其间。园中种有红豆、丹桂、方竹、绿萼、雪梅等花木。乳钟山前为大门，门楼砖木结构，横额题刻"雁山别墅"四字，门柱集陶渊明诗句为联："春秋多佳日，园林无俗情。"清末，别墅破落，由西林人岑春煊买下，改名为西林公园。1929年，岑春煊赠予广西省政府，改名雁山公园。1932年以后，广西省立师范专科学校（今广西师范大学）、广西大学、广西桂林农业学校先后在此地办学。胡适、陈寅恪、李四光、马君武等学者曾在此讲学。

山水村落、山水古镇、山水城市和山水园林，共同构成了广西的山水文化居住环境。正是这种人与自然相亲相融的居住环境，才使陈毅将军的"愿做桂林人，不愿做神仙"这句诗得到人们的高度认同。也像梁衡所说：桂林（广西）是一个有烟火的仙境，一个真山真水的盆景，一个成年人的童心梦。

山水之道

　　山水之道，探讨的是山水文化的思想体系，即人们对山水自然的认识、态度和观点。

　　关于山水自然有两个重要的概念，即天人合一与刚柔相济。天人合一是中国人在哲学层面对山水自然的认知，刚柔相济是中国人在美学层面对山水自然的追求。中国儒、释、道三教皆与山水文化有深刻的关联，我们甚至可以将其理解为山水宗教。

　　在原始社会，人们出于生存意识，对山水产生敬畏、崇拜，这为山水文化的形成与发展奠定了基础。随着文明的发展，山水不再是人们恐惧的对象，而有了取悦人的价值。孔子云："知（智）者乐水，仁者乐山。"汉赋中亦有大量对山水自然美的观赏描述。至魏晋南北朝时期，山水与宗教的结合日趋密切。山水既是审美对象，又是人精神的投射和情感的寄托。

天人合一：人与自然互为知己

德国学者裴德思在《南方周末》发表过一篇名为《怎么翻译中华文明的核心词》的文章，其中有这样一段话：

我们不能要求所有的美国人和欧洲人都学习中文，但是我们需要做的是向西方广大的民众普及一些重要的中国概念。就当下而言，即使是最有教养的西方人都没有听说过"ren"（仁），"datong"（大同），"tianxia"（天下）和"tianren-heyi"（天人合一）。

"仁""大同""天下""天人合一"都是典型的中国概念。其中，"天人合一"表达的是中国人的自然观。"天"是自然，"人"是人类，"天人合一"指的是自然与人类的和谐统一。在中国人看来，人与自然不应该是对立的关系，而应该是和谐的关系。

钱穆指出，在中国古人眼里，一切人文演进都顺从天道。违背了天命，则无人文可言。"天命""人生"合而为一，也就是"天人合一"。这个观念，中国古已有之。钱穆认为，"天人合一"观

水绕山环桂林城

是中国文化最古老、对世界最有贡献的一种主张。

季羡林指出，东方人对大自然的态度是同自然交朋友，了解自然，认识自然，在这个基础上再向自然有所索取。"天人合一"，就是这种态度在哲学上的凝练表述。

"天人合一"是中国哲学的重要命题、中国文化的重要理念。将天人合一的观念纳入中国的山水之道，可以具体提炼出三个观点：山水是有生命的存在；山水文化是人与自然合作的成果；人与山水应该是知己的关系。

我们不妨以桂林城、兴安灵渠和《象山记》来阐释以上三个观点。

首先，山水是有生命的存在。

散文家梁衡对此深有感悟，他这样描写桂林：

都市里怎么能有山？有也只能是公园里的假山。那年我在昆明登龙门，看到城近郊有这样的真山已是大吃一惊。不想这桂林却有几十个大大小小的山头直跑到城里的马路边，钻到机关的院子里，蹲到人家楼前的窗户下，或者就拦在十字路口看人来人往。孤山、穿山、象山、叠彩山、骆驼山、独秀峰就这样真真切切地和人厮混在一起。桂林人每天上班下班，车水马龙绕山走，假日里则在山坡上滚，山肚子里钻，相处久了连山也都有了灵气。……我奇怪这里大至山，小至石，怎么都如此逼近生命，凝聚着活力？

在梁衡的心目中，桂林不仅是一座山水城市，而且是一座有生命的城市。这不仅是梁衡的感悟，远在宋代的桂林城市建设者就把桂林当作一个生命体来经营。宋代的张仲宇写了一篇《桂林盛事记》，其中说到，王祖道到桂林来做官的时候，感觉桂林的学校狭窄，学习风气不浓郁，就扩大了学校规模，引进了学者。他还接受风水先生的主张，疏通城市的水系，就像是让人的血液畅通无阻抵达身体各个部位一般。

王祖道疏通桂林环城水系，既不为农业灌溉，也不为交通运输，更不为旅游观光。他是把桂林城当作一个有生命的人，把城市水系当作人的血脉，疏通城市水系，目的在于益智与健身。显然，桂林这座城市，不是无机的存在，而是有机的存在。在古人心目中，桂林城人合一，天人合一。

其次，山水文化是人与自然合作的成果。

比如，著名的兴安灵渠作为人类创造的重要文化遗产，作为中国山水文化的一个重要载体，正是人与自然合作的成果。

灵渠于公元前214年凿成通航，至今已有2200多年历史，是世界上最古老的运河之一。它沟通了长江与珠江两大水系，创造了一条河流（海洋河）的水流入两个水系（长江与珠江），注入两个大海（东海与南海）的奇迹。这在世界水利史上，迄今为止，仍然是独一无二的。

灵渠不仅沟通中国内陆，而且沟通中国与外国。它是海上丝绸之路中国内河系统的重要一环，因为它的存在，中国与东南亚有了一条相当便捷的水上通道。

　　灵渠作为运河，虽然是人工开凿，但在其几十千米的许多河段，我们完全看不出人工的痕迹。这是因为灵渠修建者最大限度地利用了周边地区原来的河流和水域，将人为的因素减到最少，通过将人工融入自然的方式，巧妙地建成了这条古老的运河。它是人造的，但巧夺天工；它是自然的存在，却又充满了人的灵性。因此，它被称为灵渠。灵渠之灵，是灵巧之灵，是灵活之灵，是灵验之灵。宋代范成大如此评价："治水巧妙，无如灵渠者。"

　　正是因为灵渠完全融入了自然，千百年来，人们经常忘记灵渠是一条人工河流，而视之为一条自然河流。由于灵渠汇入了漓江，而灵渠之水又源于海洋河，以至于人们常常把发源于灵川海洋山的海洋河当成漓江的源头。事实上，漓江真正的源头在距离海洋山数十千米的华南第一峰——猫儿山海拔1800多米的高山沼泽。

　　灵渠的开凿，完美地遵循了中国文化天人合一的理念，将自然深深地融入人工，是人与自然合作的成果。

　　漓江是自然的存在，然而，海洋河水通过灵渠注入漓江的事实，同样清楚地告诉人们，漓江，这条世界上无比美丽的自然河流，早在2000多年前就被赋予了人为的因素，或者说，被赋予了人的灵性。漓江也是人与自然合作的成果。

　　同样，花山岩画也是人与自然合作的成果。花山岩画虽然是人类创造的绘画作品，但它也最大限度地融入了自然，利用了自然。在专家们看来，左江花山岩画文化景观是岩溶地貌中以岩画为核心、利用特定的自然环境而形成的"自然与人的共同作品"。

● 漓江源头——猫儿山

　　而广西的山水实景演出《印象·刘三姐》，在总导演张艺谋眼里，同样也是人与自然合作的作品。

　　再次，人与山水应该是知己的关系。

　　自然是有生命的，人应该把自然当朋友，甚至是至好的朋友，也就是说，人应该深入理解自然，人应该与自然互为知己。

　　清代舒书的《象山记》就传达了这种情感。舒书是满族人，生长在北方，在京城的时候就听说了象山的奇美。后来他被派往广西任职，当工作走上正轨之后，他雇船渡江去游览象山，身临其境体验象山的奇妙。久而久之，他深深地爱上了象山。有数年

时间，他几乎每天都要专程到象山游览。在《象山记》结尾，他
写道：

> 嗟乎，象山冷地也；余冷人也。际此世情衰薄，谁肯为顾惜
> 而与之相往来者？自有余来以后，水潺潺为之鸣，石硁硁为之声，
> 花鸟禽鱼，欣欣为之荣。嗟乎，象山舍余无以为知己者，余舍象
> 山，又谁复为知己？昔人有言曰："江山风月，闲者便是主人。"
> 余虽不敢谓象山之主人，象山曷不可谓余之知己哉？

不敢妄称为山水的主人，而视山水为知己；不愿以主人的姿
态去主宰山水，而愿以知己的姿态去爱恋山水。人类如果都能以
这样的态度去对待自然，如果都能如此深刻地认识自然，人类在
自然中的生活或许会更加美好。这种天人合一的山水观，应该成
为今天的时尚。

刚柔相济：山水相映，美不胜收

　　阴和阳是事物的两个方面，天地、日月、山水等自然现象就是阴阳互补、刚柔相济的，符合事物发展的规律。阴阳是我国古代哲学中很重要的概念。

　　广西山水为什么让人感觉美不胜收？正是因为广西山水符合阴阳互补、刚柔相济的山水之道。具体表现在三个方面。

　　第一，广西山水是山与水合作生成的风景，广西的山来自水的塑造。

　　我们都知道广西拥有规模庞大的喀斯特地貌。学者们对此展开了相关的比较和研究。在《桂林为什么不申遗？》一文中，专家们专门比较了崀山、武陵源与桂林山水的不同：

　　粗看之下，湖南新宁的崀山和湖南张家界的武陵源，与广西桂林的喀斯特峰林形态近似，但它们都只是形似而已，而不是真正的喀斯特山。因为喀斯特即岩溶，是指水对可溶性岩石的溶蚀作用，而崀山和武陵源的山峰群则是在非可溶的岩石中发育而成的，许多人将此也称为"峰林"。国外一些学者称之为"假喀斯特现象"，国内学术界称之为"类喀斯特"。

从这段文字中我们可以知道，喀斯特地貌来自水对可溶性岩石的塑造。也就是说，桂林山水乃至广西山水是水对桂林、水对广西这个山国的塑造。更确切地说，桂林山水乃至广西山水正是山和水合作生成的结果。

单之蔷还谈到桂林美景的成因：

桂林地区的地质结构成就了这里举世无双的美景。桂林盆地的石灰岩厚度可达3000米，就像一块大而完整的璞玉。因为漓江流域北、东、西三面的山不是喀斯特岩山，所以降水不会下渗漏光，最终汇聚成河流。山上淌下的大小河流汇集到桂林盆地，如刻刀般雕蚀着深厚的石灰岩，将其塑造成一座座分离的山峰，使地表形成峰林平原。在阳朔一带，漓江流域的区域石山大多基座相连，仿佛一簇簇灌丛，这里是典型的峰丛地貌，但其间又有峰林地貌交织出现。在峰林平原上，地表水平缓流淌，而峰丛地区的水大多竖直向下切割岩体，层层渗至地下河中。可以说，正是汇水的地形、深厚的喀斯特岩层，以及地表、地下的河流塑造了漓江流域的峰林、峰丛，它们共同构成了桂林的绝世美景。

这段文字有不少专业术语，但其表达的主要是两个意思：一是桂林美景举世无双，二是桂林之美来自山与水的合力塑造。这是从地貌学的角度来说明深层阴阳互补、刚柔相济的广西山水科

● 家在山水间

学原理。

第二，广西山水是山与水相生相伴的风景，具有山水相融的和谐美。

单之蔷这么说："对于雪峰冰川，有人喜欢，也有人不喜欢；对于西湖和黄山，也是有人爱之若狂，有人无动于衷；但是对桂林的山水，我看到听到的都是赞美。无论是爱旷景者，或喜幽景者，追求闲适者，酷爱体验者，隐者与显者，出世者与入世者，对桂林都是赞赏者。"

为什么桂林之美能够得到几乎所有人的赞赏呢？贺敬之的《桂林山水歌》在某种意义上回答了这个问题：

> 云中的神呵，雾中的仙，
> 神姿仙态桂林的山！
>
> 情一样深呵，梦一样美，
> 如情似梦漓江的水！

这两节诗歌很著名，第一节说的是桂林山之美，神姿仙态，第二节说的是漓江水之美，如情似梦。山和水都已经达到了美的极致。也就是说，桂林的山或水，即便是单独观赏，也已经非常美丽了。如果进行比较，论山，不会输给黄山；论水，不会输给西湖。然而，桂林不仅有可与黄山媲美的山，有可与西湖媲美的水，而且山水是融为一体的，贺敬之的诗紧接着写到这一点：

水几重呵，山几重？

水绕山环桂林城……

是山城呵，是水城？

都在青山绿水中……

后面两节诗虽然不如前面两节耳熟能详，但它说出了桂林城的一个重要特点：不仅山清水秀，而且山环水绕；不仅是山城，而且是水城。桂林是一座集山水于一身的山水之城。诚如杂文家秦似所说："中国虽惯于把山水连称，可是很少有桂林的山和水结合得如此富于色调的统一与性格的和谐。"

人们通常说，到张家界看的是山之美，到九寨沟看的是水之美。张家界和九寨沟分别代表了中国山与水的极致。而在桂林，人们能够看到山水的兼容之美，看到山与水和谐相融、美妙相济的极致。桂林山水是山与水合作生成的结果，山和水合力创造了地球上这片奇丽的风景。于是才有单之蔷的感叹："桂林山水的出现是千载难逢、万载不遇的。"

因此，如果说山代表了刚，水代表了柔，那么，桂林山水之所以能够美甲天下，最重要的原因就是山与水的和谐交融，以及刚与柔的美妙相济。

第三，广西山水是丰富多彩的，具有山水交响的错综美。

人们说到广西山水，通常都以桂林山水为代表，而桂林山水又往往被作为阴柔美的典型。然而，阴柔之美却不能完全概括广

西山水的全貌。

即使在桂林，如果说漓江映衬的喀斯特景观是阴柔的，那么，八角寨崛起的丹霞地貌就是阳刚的；如果说漓江下游的烟雨是秀丽的，那么，漓江上游的云雾就是壮美的；如果说桂林地面山峰与河流的交响是欢快舒畅的，那么，桂林地下溶洞与暗河的交响则是神秘惊险的；如果说象鼻山、骆驼山、鹦鹉山显示了象形之美，叠彩山、伏波山、独秀峰体现了写意之美，那么，虞山、尧山、观音山则传达了用典之美，穿山、塔山、隐山呈现了意境之美。桂林山水之所以千百年来让人们心驰神往，惊艳不已，正是因为她拥有千姿百态之美。美人千变，桂林山水正是在多姿多彩的变化之中，既展示了她的柔媚，也绽放了她的雄浑；既彰显了她的绚丽，也呈现了她的奇异。丰富多彩、千变万化构成了桂林山水观之不尽、赏之不绝、叹之不已的天下大美。

如果将视野扩大到整个广西，我们会看到更为繁富、更加丰盛的景观。

贺州姑婆山的清纯恬静，金秀圣堂山的姹紫嫣红，容县都峤山的三教合一，宁明花山的神秘莫测：广西的山千姿百态。

融水贝江的满目青碧，罗城剑江的清澈脱俗，大新黑水河的清肌丽骨，巴马盘阳河的风光旖旎：广西的水百媚千娇。

桂平大藤峡的起伏，武宣百崖峡谷的曲折，靖西通灵峡谷的跌宕，河池六甲小三峡的幽深：广西的峡谷集山之险、水之秀于一身，在高低起伏中引人入胜，在曲折幽深中令人遐思。

乐业的天坑，都安的天窗，大新的德天瀑布，全州的天湖，

● 美丽的圣堂山

北流的天门关。这些带有"天"字的景观名，高度彰显了广西山水文化的想象力。山水，不仅是八桂大地的自然景观，亦是八桂人民书写的礼赞文章。

桂林漓江风平浪静，清澈如镜，带给人更多的是悠闲、舒畅的体验。明代俞安期的《漓江舟行》写道："桂楫轻舟下粤关，谁言岭外客行艰？高眠翻爱漓江路，枕底涛声枕上山。"在漓江的

行船上，是可以高枕无忧睡大觉的。清代袁枚的《由桂林溯漓江至兴安》写道："江到兴安水最清，青山簇簇水中生。分明看见青山顶，船在青山顶上行。"漓江之水清可鉴人，澈可鉴山。

● 罗城天门山

值得注意的是，广西不仅有内陆的山水风光，亦有滨海的海洋风光，给人的观感截然不同。

北部湾一带的钦州、北海、防城港潮起潮落，为广西山水提供了一个苍茫辽阔的出口，拓展了广西儿女放眼世界的胸襟。唐代王昌龄的《别陶副使归南海》写道："南越归人梦海楼，广陵新月海亭秋。宝刀留赠长相忆，当取戈船万户侯。"大海的波涛汹涌，激起人的豪情壮志。明代朱勤在《海角潮声》写道："孤亭近海海门隈，时听潮声海上来。万水有波俱喷雪，九天无雨自鸣雷。沙头震动鸥群散，枕上惊残客梦回。消长古今同一理，险夷犹自在灵台。"与桂林山水的清雅俊秀相比，北部湾的潮声、喷雪和鸣雷，显得尤为雄浑豪放。

山水宗教：青山绿水有真谛

　　宗教同样喜欢在山水之间寻找栖身之地。广西山水有丰富的宗教文化资源，儒、释、道三教在广西山水之间皆有现身。

　　儒教，祖述尧舜，宪章（效法）文武，崇尚"礼乐"和"仁义"，重视伦理道德教育和自我修身养性。

　　桂林城区最高最大的山为尧山，因建有尧帝庙而得名。尧帝庙自唐至清一直存在，清代后逐渐废弃。尧为中国古代五帝之一，人们历来有祭祀尧帝的习俗。唐代李商隐的《赛尧山庙文》记载尧帝庙祭祀情景，唐代赵观文的《桂州新修尧舜祠祭器碑》记载唐代末期修建尧帝庙的经过。尧山冬雪为桂林古代八景之一。

　　虞山在漓江西岸，与东岸的尧山遥遥相对。传说舜南巡时到过此山，因此得名。舜亦是中国古代五帝之一，为尧的继任者。虞山建有虞帝庙，还有皇潭、韶音洞等与舜相关的自然景观。历史上宋之问、李商隐、赵观文、张栻都留下了祭祀虞帝、歌颂虞帝功德的诗文。舜洞熏风亦为桂林古代八景之一。

　　1410年，人们在恭城凤凰山山麓建文庙，作为纪念和祭祀孔子的圣庙，1560年迁至恭城西山南麓。恭城文庙背枕西山，俯视茶江，依山势坐北朝南，分六级平台递登，层层筑台，步步高升。中轴线上依序建有照壁、礼门、义路、棂星门、大成门、泮池、名宦祠、乡贤祠、庑殿、大成殿和崇圣祠等。恭城文庙所在地被认为是"锁水聚气"的风水佳地，其建筑位居广西现存文庙之冠，有华南"小曲阜"之誉。据称，其基址选择和建筑布局体现了易学阴阳哲理。如文庙的六级平台，与易数的既济卦六爻相对应；山有主峰，庙有主位，大成殿正居于"九五贵位"，皇帝称"九五之尊"，大成殿建于此，表示君者之贵。

"天下名山僧占多"，早在唐代，桂林七星山、西山、象山等名山，就出现了佛教景观。

七星山有栖霞寺，始建于唐朝。公元806年，几道、直之、明觉、道行、普愿五人偕游桂林岩洞，在栖霞洞留下摩崖石刻。怀信另在七星岩留下五绝一首："石古苔痕厚，岩深日影悠。参禅因久坐，老佛总无愁。"清朝顺治八年（1651年）浑融和尚重建栖霞寺，该寺成为当时西南一大名刹。1944年桂林沦陷时，栖霞寺被毁。近年重建，仍称栖霞寺。如今七星岩岩壁上尚存隋朝昙迁大和尚题刻的"栖霞洞"三字。

西山有延龄寺，原名西庆林寺，始建于唐朝初年。公元679年，李实在西山造像一铺。传说武则天临朝之日，梦见金人向她乞求袈裟，后来依梦中所见制作一件袈裟悬挂在城门外，第二天袈裟不翼而飞。武则天派人在全国寻找，发现袈裟披在桂林西庆林寺的卢舍那佛身上。这个传说反映西庆林寺到了这时已声名在外，还被列为南方五大禅林之一。

象山附近有开元寺，建于隋朝，是已知文献中桂林最早的佛寺。公元687年，智深在象山水月洞外造像。唐朝天宝九年（750年），著名高僧鉴真大师在临桂开元寺住持一年，主持受戒大典。今开元寺寺庙不存，仅存明朝洪武十八年（1385年）重建的舍利塔。

游览桂林，早在唐代就已经是佛教界的时尚。前文说到几道等五位僧人在栖霞洞留下记游石刻。公元817年，怀信、觉救、惟则、惟亮、无等、无业六人同游，在南溪山玄岩洞留下摩崖石刻。

桂林之外，贵港南山、桂平西山、横州宝华山也有著名的佛教寺庙。

贵港南山位于贵港城区东南，包括24座山，合称为南山二十四峰，山形各异，如画屏罗列。狮头峰为南山主峰，因形似狮子而得名。"醒狮朝阳"为南山胜景。南山寺位于狮头峰下，依山据洞而建，始建于唐代，武则天曾赐经5000卷，寺中建楼贮藏。宋代，南山寺受到皇帝重视，得宋太宗赐御书、宋仁宗题寺额，因此成为岭南名刹。南山寺内大洞北壁之上，有石佛30多尊，其中最大一尊称"飞来佛"，专家认为其为隋唐时代文物。

桂平西山前列平原，后横峻岭，黔、郁两江从左右绕来，在山前汇合成浔江，而后东去。桂平西山是全国重点风景名胜区，以"石奇、树秀、茶香、泉甘"闻名，并且是岭南佛教丛林圣地、广西佛教协会所在地，至今仍保留着龙华寺、李公祠、洗石庵等较为完整的佛教建筑。

● 桂平西山

龙华寺位于西山半山腰处，坐西向东，依山而建。寺院周围古木参天，浓荫蔽日，红墙黄瓦点缀于苍松翠柏之间。龙华寺始建于唐末，至今已传 40 余代僧，抗日战争期间释巨赞、释觉光法师在此驻锡，现为广西佛教协会驻寺。

洗石庵始建于清顺治年间，是一座比丘尼栖居的禅宗庙宇，是国内有名的女众道场。该寺自 1949 年以后，在住持宽能法师、昌慧法师等的苦心经营下，成为广西当代十分有影响力的佛教梵刹。宽能尼师在洗石庵住持达 40 年，1998 年圆寂后火化得骨舍利 3 颗。

南宋时与朱熹、吕祖谦齐名的学者张栻曾在广西为官，写过不少有关广西的诗歌，其中有一首《和友人梦游西山》，写的是桂平西山：

　　故人畴昔隐西峰，野寺幽房一径通。

　　无复老僧谈旧事，空余修竹满清风。

　　梦中寻胜忘南北，句里论心岂异同。

　　我欲壁间题唱和，他年留得咤南公。

　　横州宝华山由 28 个形态各异的山峰组成，古时山巅时有云烟缭绕，故名宝华山。

　　宝华山上有寿佛寺，始建于唐代，明代重修。传闻，明建文帝云游四川、云南、贵州等地后入桂，到横州寿佛寺隐居 15 年，手书额匾"寿佛禅林""万山第一"，并作诗多首。后改名应天寺。

　　洞天福地是道教认为的彼岸世界，即神仙所居的名山胜境。因为神仙通常居住在洞府之中，故称洞天。福地则是仙境乐园之意。道教有三十六洞天之说，其中有三个洞天在广西，分别在容县、桂平和北流。

　　容县都峤山，为道教"三十六洞天"之"二十洞天"，名"宝玄洞天"，传说由仙人刘根掌管。汉代有刘根、华子斯等人在山上修道。东晋葛洪曾在此炼丹。都峤山从东到西为香炉峰、丹灶峰、兜子峰、仙人峰、中峰、八叠峰、马鞍峰和亚盖峰，共八峰，峰名各取其形，多与道教神仙有关。丹灶峰上留有葛洪炼丹的 24 个丹灶遗迹。

　　桂平白石山，为道教"三十六洞天"之"二十一洞天"，名"秀乐长真天"，传说由仙人白真人掌管。山最高处为会仙岩，山麓有"白石洞天"摩崖，前有圣寿寺院，现存三宝殿；山中有白云洞、青玉峡、仙人棋、伏龙窝、炼丹灶、漱玉泉等胜迹。

北流勾漏洞，为道教"三十六洞天"之"二十二洞天"，名"玉阙宝圭洞天"，传说由仙人钱真人掌管。东晋葛洪听说南方产丹砂，便放弃高官，请求当北流令，以便就近采料，在勾漏洞炼丹修道多年。当地人为了纪念他，在洞口建葛洪祠、筑碧虚亭，在洞内供奉葛洪塑像，洞前刻有葛洪肖像，至今犹存。

郭沫若有诗云：

> 魏晋以来负盛名，洞天勾漏自天成。
> 电光射透蛟龙窟，风景争衡临桂城。
> 不为丹砂思作令，期除纸虎愿从征。
> 苕华闻道敷红紫，绿满群山乐耦耕。

相传葛洪在北流做县令的时候，闲暇之时在勾漏洞炼丹。炼一粒九转丹砂需七七四十九天。葛洪炼出 20 颗丹砂，十分高兴，本想立刻吞服，没想到勾漏洞附近几个村庄发生瘟疫，人们相继病倒。葛洪决定救助百姓，他把丹砂给了几个村庄的族老，请族老用丹砂抢救病人。没想到族老们自己吞服了，各人一下年轻了。葛洪干脆把公务交给别人去做，自己专心炼丹，炼得 20 颗紫珠灵丹。他吞服了这 20 颗灵丹，飘然飞到天上。他从太上老君那儿取灵丹妙药撒向勾漏山，灵丹落到水里，附近百姓饮水病除。灵丹落到勾漏山上，长出一种植物，有清凉解毒、明目清肝的功效，当地百姓称为"葛仙米"。

　　北流鬼门关，又称天门关，两峰对峙成关门，是古代内地通往雷州、琼州、交趾的交通要冲。经鬼门关往南去多患瘴疬，去者罕有生还，故有"鬼门关，十去九不还"之说。传说古时魔鬼藏于鬼门关，会鬼法，叫一声"合"，两峰合，叫一声"开"，两峰开。行人入关，魔鬼叫"合"，两峰合紧将行人夹住，魔鬼随之将行人吃掉。所以有歌谣："鬼门关，鬼门关，千人去，无人返。"罗隐是一个半仙，有收鬼术，为寻访葛洪仙迹，来到鬼门关。他抬着头，大摇大摆走进关里，魔鬼喊"合"，罗隐手一指，鬼门

● 桂林七星岩"碧虚铭"石刻

合不上。魔鬼连喊三声"合"，鬼门纹丝不动，魔鬼吓得逃之夭夭。罗隐破了魔法，唱道："鬼门关，鬼门关，千人去，万人返。"从此，经过鬼门关的人们，不再有死亡风险，他们生儿育女，岭南因此变得人丁兴旺。

桂林七星山由普陀山四峰和月牙山三峰组成，形如北斗七星，七峰分别名为天枢、天璇、天玑、天权、玉衡、开阳、瑶光，以古代北斗七星名为峰名。道教视北斗七星为北斗真君，因此，七星山自是道教仙山。明末道士潘常静曾在普陀岩建"碧虚楼"，今不存，但岩壁上尚留"碧虚铭"的摩崖石刻。普陀岩（宋代改为七星岩）附近有玄武洞，元代曾在洞中建全真观，明末改成真武阁，如今洞内还有一块"龟蛇合一"的石刻浮雕，蛇红龟青，合为一体，是道教石刻的珍品。

融水真仙岩的道教文化也很典型。岩洞里有一尊钟乳石，酷似太上老君。传说老君南游至此，欣然说道："此洞天之绝也。山岩离奇，溪源清邃；不复西渡流沙，我当隐焉。"说完化身为这尊钟乳石。由此，真仙岩亦称老君洞。

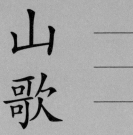

山歌

　　自古以来，人们劳作或娱乐时喜欢即兴演唱。中国南方山多，南方人劳作和娱乐的环境通常在山野之间，因此他们即兴演唱的歌曲被命名为山歌。朱自清认为："南方还有'山歌'……与'歌谣'之称，几乎无甚分别——广西象县的壮人又有所谓'欢'，是用壮语所唱的山歌；用官话唱的则仍叫作山歌。"段宝林认同此种说法，认为山歌是中国南方地区对民歌的统称，主要在西南、中南、江南等广大地区流传。白居易《琵琶行》有"岂无山歌与村笛"的名句，说明唐代时山歌已经流行。广西山多水秀，广西各族人民生活在山水之间，因此，歌谣在广西多称作山歌。

歌海八桂：山水间飘荡着天籁

广西古为百越之地，广西山歌亦有越歌之称。根据冯明洋的研究："越歌的体裁，主要是山歌和水歌。这和越人自古依山傍水而居的特殊环境相关，也和越人自古集群歌唱、聚众会歌的特殊文化活动相关。他们日常咏唱的，或在山野聚众、或在水上聚会歌唱的歌，也多是山歌、水歌。"

忻城县流传着一个有关"三月三"歌节的传说，说的是古时候有一个小村庄，村里有个叫罗达的孤儿。有一天，罗达为躲雨发现了一个大岩洞，他觉得这个岩洞既安全又凉爽，就住进了大岩洞里的一个小洞。

一天夜晚，罗达在睡梦中听到歌声，他醒来后发现是一群漂亮的姑娘正在大岩洞里唱歌跳舞。歌声迷人，罗达听得如痴如醉。歌舞结束后，姑娘们很快消失得无影无踪。

从此，这群姑娘每天夜晚都到洞里来唱歌跳舞。罗达为了弄清姑娘们的来历，在某天天黑之前，爬到了洞旁的松树上。夜晚，姑娘们又开始唱歌跳舞，罗达看得出了神，不禁跟着手舞足蹈起来，一不小心从树上摔了下来，被姑娘们发现了。

　　原来，这些姑娘是来自天上的歌仙。她们把罗达带到天上养伤。罗达告诉这些歌仙，他听她们的歌已经一年了，他希望歌仙们教他唱歌。歌仙们满足了罗达的要求，教会他唱歌。

　　罗达回到人间的时候，正是农历三月初三。罗达回到村里，把从天上学来的歌教给村里人。他从天上带回的歌传遍了八桂壮寨。后来，为了纪念罗达传歌，人们把农历三月三定为壮族歌节。由于罗达的歌是从天上的歌仙那儿学来的，因此，山歌又被称为"天籁"。

　　收录在汉朝刘向《说苑》中的《越人歌》，据说是岭南骆越人（今壮族先民）口头创作之古歌。这首歌用古楚语记音如下：

● 罗城风光

今夕何夕兮，搴舟中流。

今日何日兮，得与王子同舟。

蒙羞被好兮，不訾诟耻。

心几烦而不绝兮，得知王子。

山有木兮木有枝，心悦君兮君不知。

今人将其译为：

今夜是什么夜，摇船在河中间。

今日是什么日，我能和王子同船。

● 人们在青山绿水间对歌

虽然害羞，但只要被喜欢呀，我也不怕别人耻笑。

心烦意乱情难断呀，愿王子能知我心事。

山上有树呀树有枝（知），心里爱君呀君不知。

不少人认为这是一首浪漫的情歌，也有人认为其中所涉及的情意只是船夫按照民族传统对远道而来的尊贵客人表示欢迎而已，因为在今河池市宜州下枧河一带仍流传着句式相似的山歌。

由此可见，广西山歌历史悠久。

南宋周去非在《岭外代答》记载了岭南地区婚嫁时人们唱山歌的盛况：

岭南嫁女之夕，新人盛饰庙坐，女伴亦盛饰夹辅之。迭相歌和，含情凄婉，各致殷勤，名曰送老。言将别年少之伴，送之偕老也。其歌也，静江人倚《苏幕遮》为声，钦人倚《人月圆》，

皆临机自撰，不肯蹈袭，其间乃有绝佳者。凡送老，皆在深夜。乡党男子，群往观之，或于稠人中发歌以调女伴，女伴知其谓谁，以歌以答之。颇窃中其家之隐匿，往往以此致争，亦或以此心许。

明代邝露的《赤雅》描述了八桂民族在山水之间自由自在欢唱山歌的情景：

峒女于春秋时，布花果笙箫于名山，五丝刺同心结，百纽鸳鸯囊，选峒中之少好者，伴峒官之女，名曰天姬队。余则三三五五，采芳拾翠于山椒水湄，歌唱为乐。男亦三五群，歌而赴之。相得，则唱和竟日。解衣结带相赠以去。春歌正月初一、三月初三，秋歌中秋节，三月之歌曰浪花歌。

浪花歌，意为无拘束的山歌，亦即在山野之间唱的情歌，是非常典型的广西山歌。

清朝李调元编辑岭南山歌成《粤风》，并说"粤近于楚，而楚无风，风者可以补三百篇之遗乎"。《粤风》收录了不少堪称经典的广西山歌。

比如《妹相思》：

妹相思，不作风流到几时。
只见风吹花落地，不见风吹花上枝。

又比如《高山种田》：

> 谁说高山不种田，谁说路远不偷莲。
> 高山种田食白米，路远偷莲花正鲜。

这里的"莲"为"连"的谐音，而"连"即"恋"也。

《粤风》以《妹相思》为名的山歌还有很多首，下面这首也非常有名：

> 妹相思，妹有真心弟也知。
> 蜘蛛结网三江口，水推不断是真丝。

"丝"在这儿有双重含义：首先是本义，比喻情人如丝相连；其次是谐音义，谐音"思"，表示情人彼此思念。

● 广西不乏高山种田之景

活的山歌：无事不歌，无时不歌，无处不歌

　　广西有歌海之称，山歌遍布八桂大地，广西山歌的内容和形式皆丰富多彩。下面引录的山歌选自农冠品主编的《中国歌谣集成·广西卷》。

　　请看下面这首广西山歌：

> 我的嘴巴会流蜜，
>
> 我的歌声会迷人，
>
> 我一开口把歌唱，
>
> 河里的鱼会跳脱鳞，
>
> 洞里的南蛇全翻起鳞片当耳朵，
>
> 栏里的水牛耸起双角听入神，
>
> 溪里的螃蟹爬到山巅来探望，
>
> 天上的凤凰飞下人间寻知音，
>
> 云头的百灵跌下地，
>
> 树上的金蝉竖耳听，
>
> 花中的蝴蝶飞不动，

枯木萌芽又发青……

这是壮族著名诗人黄勇刹 1964 年 6 月在百色田阳田州镇采录的一首壮族排歌,演唱者叫陆大姐。这首排歌说的是山歌有一种魔力,能够让万物获得感应,还能激发唱歌人内在的活力。这首歌属于引歌,相当于开头歌。

广西人为什么要唱山歌呢?有一首流传于象州的山歌形象地说明了山歌流行于八桂大地的原因:

鸟不唱歌山也静,鱼不打浪江也沉;
出门不给妹唱歌,世界变得冷冰冰。

的确,在物质贫乏、人烟稀少的古代广西,人们只有通过山歌才能与八桂大地的美丽山水建立某种对话关系,从而获得内心的安宁。

广西山歌类型多样,根据《中国歌谣集成·广西卷》,可分成引歌、古歌、劳动歌、时政歌、仪式歌、情歌、生活歌、历史·传说·故事歌、儿歌等。上文引录的是两首引歌,接下来摘录壮族古歌《布伯》的第一节:

当初父母生下你们的时候,
第一个是英雄的风伯,
第二个是好汉的雨师,

第三个生下的就是你，

两只眼睛炯炯发光像两盏灯笼。

每天你都到野外去游游荡荡，

每天都去学鬼学怪不务正业，

学了第一天就能抓火，

学了第二天就能呼风，

学了第三天就能治水，

这样风火水都归你管了。

你抓到风火专来害人，

天帝见你有本事，

给你到天上当雷神。

　　这首古歌中的雷神是个恶神，他想消灭凡间的人类。布伯与雷神斗法，雷神用洪水淹死了凡间人，只剩下布伯和他的两个儿女伏羲兄妹。最后布伯跌死在断崖上，变成了天上的太白星，太白星教伏羲兄妹结婚生育，"从此世界上又有了人类，他们就是人类的祖先"。

　　广西有12个世居民族，每个民族都有山歌。

　　京族主要分布在防城港市，是我国为数不多濒海而居的民族之一，下面引录一首京族的劳动歌《挖沙虫》：

做完农工做海工，潮退落滩挖沙虫。

妹挖沙虫哥捉蟹，哥妹双双又相逢。

又相逢，好似桃花迎春风，

沙虫满兜蟹满篮，浪伴歌声乐融融。

　　这是一首渔歌，1983 年采录于防城港山心岛。白天做完农活，退潮时分又去挖沙虫，京族人民的生活是忙碌的但也是富足的。他们既有农田又有海洋，生活比大山里的人们好很多。而且，他们劳动时往往是哥哥妹妹"又相逢"，这无疑给枯燥的劳动增添了许多浪漫的气息。

　　诗可以怨。两千多年前，孔子在采集民歌时就注意到民歌所具有的讽世伤时功能。比如壮族讽刺歌《骂土官》：

土司官，土霸王，他是村中两脚狼，

长工日割四担谷，还要人交四两蝗。

世上珍馐他尝过，新娘贞节遭灾殃。

反就存，顺就亡，六月飞霜进班房；

滔天罪恶终有报，山涧泉水葬阎王。

　　由此歌可看出老百姓对官员缺乏好感。又如《官禁民众唱山歌》：

如今世界怪事多，官禁民众唱山歌；

若能禁得山歌绝，陆地无草海无波。

皇帝可以管百姓，玉帝可以管阎罗，

● 防城港金滩

官府可以管捐税，哪个管得唱山歌？

随着时间的推移，山歌逐步作为一种仪式出现在广西普通百姓生活中的重要时刻。婚嫁时唱山歌，丧葬时唱山歌，各种重要节日中也都有山歌的存在。壮族姑娘出嫁前夕，要唱"出嫁歌"，通常表达的是对娘家的依恋与不舍。这里摘录采集于百色田阳的壮族"哭嫁歌"《做人媳妇难》的第一节：

> 爹呀爹，妈呀妈，女儿在家好撒娇；
> 吃酸吃甜妈都给，做人媳妇实难熬。
> 穿得补丁人看小，穿得鲜艳说儿妖；
> 做好做坏人也讲，众人面前儿难笑。

再录一首壮族风俗歌，采集于东兰县的《新年禁忌歌》：

初一忌蠢话，祖先都回家。逢人说恭喜，安乐降我家。
初二忌扫地，财神来过年。逢人讲发财，全年有大钱。
初三忌劈柴，地神来拜年。不得动刀斧，田地才安然。
初四忌磨刀，仙女下凡来。仙女来播种，棉花朵朵开。
初五忌入栏，牛马得安康。今年生一胎，牛壮马更强。
初六忌玩火，灶王家堂坐。祭敬灶王爷，才不怕水火。
初七忌争吵，有理也莫闹。夫妻要团圆，兄弟要和好。
初八忌晒衣，莫招乌鸦来。乌鸦霉气大，丧生又败财。

● 仫佬族走坡，青年男女唱情歌，交换信物

初九忌摘花，花落由它落。若还不听话，今年不见果。

初十忌醉酒，酒醉招来愁。几多好朋友，酒后成冤仇。

接下来要说的是人们熟知的情歌了。

情歌是山歌最常见最重要的类型之一，它可以分成初识歌、试探歌、赞美歌、离别歌、相思歌、重逢歌、怨情歌、热恋歌和定情歌。

在广西山水之间，青年男女第一次相遇，他们会通过"初识歌"打开局面进行交流：

女：初相见，初初相见人生疏，

　　新打剪刀难开口，不知哪样来称呼？

男：初相见，初初相见人生疏，

　　芭蕉初初放缸沤，一回生来二回熟。

　　当小伙对姑娘有了情意，他如何表达呢？请看壮族情歌中的
"试探歌"，采集于柳州的《一心一意望结交》：

　　　　　这条河水绿茵茵，不知是浅还是深？

　　　　　丢块石头问深浅，唱句山歌试妹心。

　　相爱往往是有理由的。下面这首《妹过山林画眉啼》，是贺
州钟山瑶族情歌中的"赞美歌"，瑶族小伙如此赞美爱恋的姑娘：

　　　　　见妹生得像仙女，好比花开春上枝。

　　　　　走过塘边鲤鱼跳，路过山林画眉啼。

　　两情相悦，肯定不愿分离，"离别歌"唱出爱情炽热时不得
不离别的心情，请看这首《人不离分天离分》：

女：我俩对歌唱不尽，日头下山天阴沉；

　　虽然我俩情意重，人不离分天离分。

男：我俩对歌唱不尽，日头下山天阴沉；

　　　　　眼看我俩分离去，只恨没有捆日绳。
　　女：唱歌唱到日落山，我俩情意唱不完；
　　　　　妹拿绳索哥拿锁，锁住日头在半山。
　　男：唱歌唱到日落山，我俩情意唱不完；
　　　　　哪得砍来长竹竿，撑住日头唱一番。

　　然而，离别终究是难免的，离别之后则有相思。"相思歌"表达的是情人分离时的相思之情，请看这首采集于百色德保的《想哥把醋当酒喝》：

　　　　　妹想哥多想哥多，想哥煮饭忘烧火；
　　　　　想哥煮饭忘下米，想哥端汤汤打泼。
　　　　　妹想哥多想哥多，想哥头昏口又渴；
　　　　　头昏走路挨跌倒，口渴唱歌不成歌。
　　　　　妹想哥多想哥多，想哥看鸡当成鹅；
　　　　　想哥看羊当成狗，想哥把醋当酒喝。
　　　　　妹想哥多想哥多，想哥夜夜睡不着；
　　　　　朝思暮想不吃饭，日出盼到日头落。
　　　　　妹想哥多想哥多，有心出门来望哥；
　　　　　妈问出门做哪样，瞒说割草上山坡。

　　恋人之间难免会出现矛盾，因此便有"怨情歌"。这首采集于柳州金秀的《无根树苗哄哥浇》传达的正是一个小伙对他爱恋

的姑娘的怨情：

　　　　昨夜烧火一堆灰，风吹灰散满天飞；
　　　　妹是有心去捞起，纵然捞起难成堆。
　　　　去年哄我二月二，今年哄我三月三；
　　　　竹壳做船灯草桨，哄哥去寻海龙王。
　　　　无根树苗哄哥浇，情妹生来实在刁；
　　　　墙上高钉挂猪胆，风吹苦气实难消。

　　婚前情感炽热，婚后是否寒凉？广西青年男女对婚后的爱情
十分重视，不妨读一下采集于桂林龙胜的"热恋歌"《我和你》：

　　　　人说相爱时好比一枝红牡丹，
　　　　结了婚花也蔫来叶也干。
　　　　我和你相爱时好比一团糯米饭，
　　　　结了婚拌了酒药变成水酒更香甜。
　　　　别人说结婚时好比收蜜糖，
　　　　养了儿女再甜的蜜糖也会酸。
　　　　我和你结婚时好比挖水井，
　　　　养了儿女井水长满永不干。

　　山歌可以谈情说爱，也可以普及生活常识，"生活歌"起的
就是这种作用，请看采集于贺州昭平的汉族歌谣《果树季节歌》：

● 柳州三江富禄"壮族三月三"盛况

正月甘蔗节节长，梅花阵阵香。

二月橄榄两头黄，杏花叶芬芳。

三月春梅口中香，桃花喷喷红。

四月枇杷颜色黄，蔷薇都开放。

五月桃子红似火，石榴黄澄澄。

六月莲叶水中扬，荷花娇满塘。

七月石榴正开中，凤仙满山沟。

八月菱角舞刀枪，桂花满园香。

九月粽子甜，菊花齐争艳。

十月蜜橘满园红，芙蓉闹小春。

十一月把柚子摘，山茶果累累。

十二月北风冷，蜡梅黄澄澄。

山歌不仅普及知识，还承载历史。下面这首采集于贵港的汉族歌谣《上等之人欠我钱》，承载的就是清朝后期一段惊心动魄的历史：

上等之人欠我钱，中等之人得觉眠，

下等之人跟我去，好过租牛耕瘦田。

这首山歌的采集者是著名的研究太平天国历史的专家罗尔纲。这首山歌是洪秀全、杨秀清用来动员人们起事的。山歌具有强大的社会动员能力，由此可见一斑。

　　儿歌也是山歌的一种类型。成长过程中有儿歌相伴无疑是孩子们的幸福。这里录一首采集于柳州三江的侗族儿歌《摘北斗》：

　　　　山风起，我不怕；大雨来，我不愁；
　　　　随波流，下柳州；到柳州，卖茶油；
　　　　卖了茶油买黄牛。
　　　　骑黄牛，天下走，到天边，摘北斗；
　　　　我摘北斗当灯笼，千年万代不用油。

歌仙三姐：永葆青春的广西形象代言人

　　广西山歌不仅丰富多样，而且有特定的对歌空间，即歌圩。《壮族文学发展史》说："歌圩是壮族人民定期'聚合而歌'，并以男女对唱情歌，倚歌择偶为基本内容的传统风习。"歌圩在壮语中有"野地里的圩市""到野外去""走出岩洞""欢乐的圩市"等含义，指的是对歌的旷野垌场。这里聚集了大量男女，犹如圩市（集市），但人们聚集在此并非进行商品交易，而是进行对歌，因此，便将这些对歌的旷野垌场称为歌圩。

　　清代赵翼的《檐曝杂记》记载了歌圩风俗：

　　每春月趁圩唱歌，男女各坐一边，其歌皆男女相悦之词。其不合者，亦有歌拒之，如"你爱我，我不爱你"之类。若两相悦，则歌毕辄携手就酒棚，并坐而饮，彼此各赠物以定情，订期相会，甚有酒后即潜入山洞中相昵者。

　　《壮族文学发展史》对歌圩有相当全面的描述。

　　各地的歌圩每年举行一两次或三四次，一般都有固定的日期，大多是安排在农事较闲的季节，或在较大的传统节日里举行，如春节、清明节、中元节、中秋节等。具体定在哪一天开始，各地不尽相同，相邻近村落的歌圩更是忌日期相同。

歌圩的地点一般在离村庄不远的坡地、山前、河边或其他空旷的郊野，晚上则转移到村口、门前或屋内。

歌圩的规模有大有小。小的歌圩，几百到一二千人，一二天就结束；大的歌圩，方圆几十里甚至百里以外的人都赶来参加，如农历正月二十七的德保足坎歌圩，二月十八的龙州下冻歌圩，

● 柳州融水三防群众欢度"壮族三月三"活动

三月初三的都安棉山歌圩，四月初八的田阳山老坡歌圩等，有时竟多达一二万人。有的圩期持续四五天之久。

　　歌圩到来之前，人们就已做好准备。歌圩场附近的村庄，家家户户扫房腾铺，蒸煮五色糯米饭，备好酒菜，准备待客。都安棉山还有这样的风习：各村各户拿出自家织染的新布条，连成杂色彩帐，在村头旷野搭起"歌棚"，设置桌椅茶水，让来赶歌圩

● 扶绥民众乘船到左江河畔山崖下的刘三姐墓祭拜

的人们唱歌、休息；青年男女都备好了馈赠的礼物，如姑娘们亲手做好的布鞋、绣好的手帕、制好的绣球等，小伙子们新买的头巾、梳子、绒绳等女性生活用品及装饰品。

　　歌圩到来的那一天，男男女女成群结伴，盛装出行，携带着粽粑、糯饭、沙糕或染红了的熟蛋等，从四面八方踏歌而来：

　　　　　一路唱歌一路来，一路唱得百花开；
　　　　　花开引得蝴蝶舞，花开引得蜜蜂来。
　　　　　一路唱歌一路来，一路看见百花开；
　　　　　妹是花开香万里，哥是蜜蜂万里来。

　　这就是广西壮族歌圩的情景，而广西各民族皆爱山歌、擅长唱山歌，整个八桂大地犹如歌海。

　　山歌、歌圩，还有"歌圩风俗之女儿"——歌仙刘三姐，共同构成了广西独特的山歌文化。

　　邓凡平选编的《刘三姐传说集》，辑录了大量有关刘三姐的文献，其中，刘三姐的籍贯有各种说法，如广东阳春说、广西贵县（今贵港）说、广东新兴说、广西宜山（今宜州）说、广西苍梧说、广西扶绥说等，不一而足。

　　这里转述一个有关刘三姐擅歌的民间故事。

　　故事说的是神童罗隐长大后并无大成，只成了一个秀才。罗隐好不懊恼，闷居家中写了许多山歌，堆满了三个大房间。这些山歌过于文雅，不被百姓喜欢。罗隐妹妹建议罗隐写些男女情爱

的山歌，以此吸引人们传唱。罗隐听从妹妹的建议，又写了许多情歌，一本本地存在书房里。

百姓特别喜欢刘三姐的山歌。刘三姐很自信，声称谁能够唱得过她，她就嫁给谁。

罗隐写了那么多山歌，也很自信，他把他写的山歌装了九条船，去见刘三姐。到了刘三姐家门前，遇见一个少女，他上前问刘三姐在哪里。少女问他找刘三姐干什么。他说他要对歌赢过刘三姐，然后娶刘三姐做老婆。

少女问他有多少山歌，罗隐说有九船：三船在省城，三船在韶州，还有三船已经运到了河边。少女说，你可以回家了，你不是刘三姐的对手。

罗隐不理解。少女唱：

　　　石山刘三妹，路上罗秀才；
　　　人人山歌肚中出，哪有山歌船撑来？

罗隐翻遍船上的山歌，无歌可对，垂头丧气地回家去了。

这个少女就是歌仙刘三姐。后来电影《刘三姐》中刘三姐与陶、李、罗三秀才的对歌，其原型或来自刘三姐与罗隐的传说。

传说中刘三姐的结局是化石成仙，其成仙地在今贵港西山，《粤述》记载：

　　唐景龙中，贵县（今贵港）西山有刘三妹者，与朗宁（今邕宁）白鹤书生张伟望，歌酣化石于山巅，遗迹宛然，至今瑶俗尚歌，因立祠于此，祀为歌仙。

　　显然，贵港百姓视刘三姐为仙，很早就为其立像，并时常祭祀。

　　1958 年冬天，广西壮族自治区刚刚成立不久，为了向国庆 10 周年献礼，柳州市委宣传部和市文化局召开座谈会讨论戏剧创作选题，最后确定由彩调团创作彩调剧《刘三姐》。

　　1960 年，歌舞剧《刘三姐》在北京成功上演，各方面评价极高，欧阳予倩撰文《又新又美的歌舞剧〈刘三姐〉》，认为《刘三姐》是一出又新又美的好戏。文章专门谈到山歌，认为："广西的山歌蕴藏极为丰富，有许多山歌词句特别优美，有的是知识分子很难写出来的，真要气死秀才"；"像歌舞剧《刘三姐》这样把山歌、彩调集中起来唱，这是过去所没有的"；"像《刘三姐》这样的戏，山歌是骨干，是灵魂，特别要突出山歌，那就应当尽量保持山歌的风格"。欧阳予倩早在 1929 年就写过歌剧《刘三妹》，因此，他的评论是真正的行家评论。

　　1960 年，长春电影制片厂完成了电影《刘三姐》的拍摄，这是"十七年电影"中唯一的壮族题材影片。影片于 1962 年 4 月在全国上映，引起观影热潮；之后又在一些东南亚国家成功上映，在华人圈获得好评。梁昭认为："这是唯一的，又是极其成功地展现'壮族风俗'的故事片，因此连接着全国其他省份的观众乃至东南亚地区对'刘三姐—壮族—中国'的想象。"1963 年，电影

● 桂林阳朔《印象·刘三姐》演出

《刘三姐》获得第二届大众电影百花奖的"最佳音乐奖""最佳摄影奖""最佳美术奖"。在电影史学者看来，电影《刘三姐》是新中国第一部"音乐风光艺术片"，也是"迄今为止最优秀的音乐风光艺术片"。电影《刘三姐》的成功，除得益于广西山歌之外，还得益于桂林山水。梁昭认为："举世闻名的桂林喀斯特地貌造就的'江作青罗带，山如碧玉簪'的风光，在影片中起到了结构故事、深化意境的作用。"

2004年，戏剧家梅帅元策划的山水实景演出《印象·刘三姐》在阳朔横空出世。该演出以12座山峰为背景，以方圆两千米的水域为舞台，以漓江和田家河两河交汇的河洲为观众席，构建了

地球上独一无二的山水剧场。天人合一的哲学理念构成了《印象·刘三姐》的文化元素，桂林山水、广西少数民族服饰、漓江船家生活等构成了《印象·刘三姐》的视觉元素，广西少数民族山歌构成了《印象·刘三姐》的音乐元素，以真山、真水、真人的方式整体性地展示了中国人的山水生活，将客观现实的山水生活转化为亦幻亦真的山水艺术，是表演艺术的创造性成果。

《印象·刘三姐》的推出，引发了实景演出热。如今，数以百计的实景演出在中国大地举办，并走出国门，在一些东南亚国家推广。山水文化以这样的方式在21世纪进行创造性呈现。

山水文学

　　山水文学是中国文学独有的一种类型，它以中国的山水形胜为书写对象，审美主体与审美对象完全融合，让山水与生命共振，从而获得忘怀一切的自由感和奇妙的精神愉悦。

　　中国山水文学自诞生以来，在隋唐进入繁荣期。柳宗元是唐代山水文学成就最高的作家之一，其被贬谪到广西后，寄情山水，写了大量诗文，使鲜为人知的广西山水扩大了知名度，并引领了广西山水文学的发展。

山水传说：对遥远时空的想象

　　山水传说指解释某个特定的山川景物、海洋岛屿等来历的民间文学，表现了中国人对生活其间的自然环境的特别关注。造化神奇的山水资源，激发了古代广西人的诗意想象，留下了相当丰富的山水传说。

　　红水河是广西的母亲河，我们且看壮族先民如何想象红水河的来历：

　　米洛甲是壮族的创世女神。天地分开之后，雷公管天，米洛甲管地。管天的雷公经常不下雨，为了人类不受干旱之苦，米洛甲决定造河蓄水。米洛甲搬山挖土，好不容易挖成了河道，她开始想办法为河道补水。她请青蛙叫雷公为河道输送河水，雷公没有理睬。米洛甲只好用九十九根竹子接成长长的篙，爬到山顶，用篙将天上的河塘戳了一个大窟窿，塘里的水哗哗流了下来。雷公急了，赶紧补天塘，他问米洛甲要一万箩黄泥。米洛甲一箩箩黄泥往天上送，一直送到九千九百九十九箩。眼看天塘就要补好了，然而，送第一万箩黄泥的时候，米洛甲在箩里装的是沙子。

雷公不知道，照用不误，结果天塘虽然补好了，但还是漏水的，水从天上流下来，进了米洛甲开凿的河道，成了如今的红水河。

2016年，广西左江花山岩画入选世界文化遗产名录。这座位于宁明左江流域，被壮族人称为"岜莱"的花山，其悬崖峭壁上遍布朱红色图案，连绵数百里，人物图像有的似战士出征，有的似围着铜鼓跳舞欢庆胜利，举臂蹲腿像青蛙。这些图案究竟是如何来的呢？

壮族先民有这样的传说：

传说宁明那利有一个叫勐卡的大力士，一顿饭要吃120斤大米。有一次他到坡宁拜访朋友，看到一头黄牛偷吃田里的禾苗，就用一块几千斤的大石头打牛，一掷就掷了三四十里。收谷的时候，勐卡把几十个人割了一天的禾苗扎成一担，让割禾苗的人坐在上面，一耸肩就挑回来了。

后来，勐卡想造反攻打皇帝。没有兵马，他就在纸上画。这些纸上的兵马在一百多天后可以变成真兵真马，但不能让任何人知道。勐卡白天躲在家里画，晚上去干活，秋收的时候，勐卡已经画了九十多天。母亲见他白天总不去田里干活，心生疑惑。一天，趁勐卡不在家的时候，母亲进了他的房间，打开了箱子。箱子刚打开，那些兵马就都飞出去了。

后来有一天，岜耀屯的一个砍柴人无意中发现明江边有敲锣打鼓唱戏的声音从一个岩洞传出来，他循着声音找到洞口，看见

● 左江花山岩画

很多兵马驻扎在那儿，砍柴人与岩洞里的武士们成了朋友。

　　后来，越来越多岜耀屯的人知道岩洞驻扎有兵马，有人上报皇帝，皇帝便派兵前来攻打，岩洞里的兵马全被杀光，到处都是鲜血、尸首，映到明江边的峭壁上，成了现在的花山岩画。

　　千家峒是瑶族先民的世外桃源，被认为是瑶族的发祥地。瑶族是广西的世居民族，广西有金秀、恭城、富川、都安、巴马、大化6个瑶族自治县。下面是流传于金秀瑶族自治县的千家峒传说：

相传瑶家十二姓自古垦荒立寨，其中发展特别好的是千家峒。民歌唱道："千家峒里大峒田，三百牯牛犁一边，尚有一边犁不到，山猪马鹿里头眠。"这首歌说的是千家峒瑶族富足的生活。

有一年天下大旱，到处颗粒无收，但千家峒照样林茂粮丰。官府看得眼红，想霸占这块宝地，派一个七品官进峒收粮。瑶家《过山榜》明文规定，千家峒瑶族不用上交税粮。如今官府违反规定，他们自然不答应。结果官兵就闯进峒里，对瑶族大加杀戮。瑶族人民与官兵搏斗，双方各有伤亡。

官府不断增兵，瑶族人民寡不敌众，千户人家只剩下十多户，为了保护族群，他们只好流落他乡。

如今，散居世界各地的瑶族人都认为他们的发祥地是千家峒，这是他们的理想家园。然而，千家峒究竟在哪里，说法不一，有说在浙江，有说在湖南，有说在广西，虽然各地都有各自的根据，但目前还保存着千家峒这个地名的，则是桂林市灌阳县。

广西山水的水，不仅指江河之水，也包括海洋之水。广西有一个濒海而居的少数民族——京族。京族的聚居地在北部湾防城港市东兴市的京族三岛，当地流传有京族三岛的传说：

北部湾西北端海岸上有座白龙岭，从北海到东兴的来往船只都要经过这里。白龙岭有个岩洞，里面有一只蜈蚣精。每逢船只经过岩洞，蜈蚣精都要吃一个人，若不给它吃，它就兴风作浪把船掀翻。

● 身着传统服饰的京族姑娘和踩高跷捕鱼的京族渔民

有个好心的神仙决定为民除害。有一天，他挑着大粪箕来到白龙岭，把一箕箕泥土堆在洞口，他必须三天之内把洞堵死，不然就会白费功夫。第二天晚上，眼看洞口就要堵住了。这时候蜈蚣精从洞里伸出头来，发现了神仙的意图，学着鸡、狗叫了起来。神仙这次算失败了。

不久，一个乞丐到了东兴码头，背着一个几十斤重的大南瓜，要跟船去北海。船老板暗喜，觉得终于遇到送给蜈蚣精吃的人了，爽快地答应带乞丐去北海。船出北仑河，到了北部湾，快到蜈蚣精的洞口时，乞丐让船工把南瓜煮熟。不久，船到了洞口，蜈蚣精从洞里出来，扒住船舷，张开血盆大口，船老板本想把乞丐送给蜈蚣精，乞丐让他不要着急，随即将煮得滚烫的南瓜朝蜈蚣精的嘴里砸去。蜈蚣精一口吞下南瓜，被烫得翻滚起来。船剧烈地颠簸着，却始终没有被掀翻。原来这个乞丐正是那个好心的神仙变的。

蜈蚣精在海里翻腾着断成了三截，头一截，身一截，尾一截。三截尸首被卷进了海里，变成了三座岛：一座是巫头岛，一座是山心岛，一座是氵万尾岛，这就是如今的京族三岛。

那个好心的神仙是谁呢？在传说中人们称他为镇海大王。在京族三岛上均建有哈亭，里面供奉的就是镇海大王。氵万尾岛和巫头岛在每年的农历六月初十，山心岛在每年的农历八月初十，都会祭祀镇海大王，祈求渔业丰收。

兴安灵渠是世界上最古老的运河之一，它沟通了长江水系和珠江水系，促进了中原文化与岭南文化的融合，亦是海上丝绸之路始发港合浦连接中原腹地的重要节点。

在灵渠堤岸上，矗立着一块巨石，它镌刻着灵渠开凿成功的秘密。

很久以前，东海龙王第九个儿子独角太子被发配到越城岭下，发现秦始皇的部下史禄正在这里开凿灵渠。独角太子想，一旦灵渠开通，流往东海的水就要分给南海三分，这岂不是挖东海龙王

● 灵渠

的墙脚？于是他决定阻止史禄开凿灵渠，以免湘江的水分流漓江。

独角太子在刚刚竣工通水的灵渠渠道找准一个险要地方，用它的独角猛烈撞击堤坝的基石，堤坝由此坍塌。

通水失败，秦军统帅屠睢追究责任，将主持灵渠工程的张师傅杀了头，责令刘师傅继续主持灵渠开凿。

刘师傅好不容易将独角太子撞塌的堤坝修好，重新开闸放水，独角太子再次用它的独角将基石撞垮，灵渠通水仍然失败。刘师傅也被追究责任杀了头。李师傅接任，继续主持灵渠工程。

正在南游的峨眉山白鹤大仙知道了灵渠工程失败的内情，扮成一个老汉拄着拐杖来到灵渠，从衣兜里摸出一支香交给一个年长的工匠，对他耳语一番后离开了。

李师傅主持的灵渠工程竣工通水的那天，那个年长的工匠提前站在两次崩堤的地方等候。半夜时分，暴雨袭来，一只独角怪兽向崩堤处窜过来。年长的工匠将老汉给他的香点燃，向北挥动。随后狂风大作，飞沙走石，从峨眉山飞来一块巨石，轰隆一声，将独角太子镇压在崩堤处。这样一来，独角太子无法施展他的法术，灵渠顺利竣工通水。

灵渠开凿成功后，中原与岭南的河流运输得以实现，秦始皇对开凿灵渠的工程人员进行论功行赏。在仪式上，李师傅表示，灵渠修成，有张、刘两位师傅的功劳，他不能一人独享，然后李师傅提刀自刎，以表示对张、刘两位师傅的追怀。

那块从峨眉山飞来的巨石，被人们称为飞来石。

山水诗：以山川之灵气陶冶性情

　　山水诗指描写山水名胜的诗。中国山水诗产生于魏晋时期，其哲学背景为老庄玄学。华东师范大学胡晓明教授认为，山水诗表现的是中国文化的心灵境界，传达的是中国人的生命乡愁。

　　清代汪森在其编辑的《粤西诗载》所写的序言开篇写道：

　　粤西僻在遐陬，声明文物之盛，虽逊于中土，若林壑岩洞之奇特，则夙称山水区者，亦莫或过之。自汉唐以来，名流迁客，身历其地，登临凭眺，往往发为篇章，以纪其胜。

　　这番话的意思是广西虽然文物不如中原多，但山水却秀甲天下，汉唐以来迁桂的文人墨客为广西山水留下了许多篇章。

　　当中国山水诗发端之时，广西就出现了山水诗。

　　最早的广西山水诗应该是南朝宋人颜延之创作的。公元424年，颜延之出任始安太守，其治所在桂林。他经常在桂林城中央的独秀峰下的读书岩读书写作，留下了"未若独秀者，峨峨郭邑间"这两句描写独秀峰的诗句。这两句诗成为独秀峰名字的由来。

如今，后句诗仍然以摩崖石刻
的形式留存于独秀峰的石壁上。

南朝还有一位著名的山水
诗人谢朓，为南朝齐人，《粤西
诗载》收有他的一首与广西山
水相关的山水诗《将游湘水寻
句溪》：

● "峨峨郭邑间"石刻

> 既从陵阳钓，挂鳞骖赤螭。
> 方寻桂水源，谒帝苍山垂。
> 辰哉且未会，乘景弄清漪。
> 瑟汨泻长淀，潺湲赴两岐。
> 轻蘋上靡靡，杂石下离离。
> 寒草分花映，戏鲔乘空移。
> 兴以暮秋月，清霜落素枝。
> 鱼鸟余方玩，缨緌君自縻。
> 及兹畅怀抱，山川长若斯。

在这首诗里，谢朓表达了自己希望到桂水钓鱼的愿望。在谢
朓笔下，桂水是非常清澈的，或许可以反映当时广西山水已经小
有名气。

然而，谢朓并未到过广西，因此，他写的广西山水诗主要基
于传闻。广西山水风光奇妙、名声在外，因此，许多未曾到过广

西的著名诗人都写过广西题材的山水诗，如唐朝的杜甫、白居易、王维、韩愈等人。

杜甫的《寄杨五桂州谭》作于公元 760 年，距今 1200 多年。

> 五岭皆炎热，宜人独桂林。
> 梅花万里外，雪片一冬深。
> 闻此宽相忆，为邦复好音。
> 江边送孙楚，远附白头吟。

从此，"五岭皆炎热，宜人独桂林"就成为称赞桂林气候好的经典诗句。

几十年后，韩愈作《送桂州严大夫》：

> 苍苍森八桂，兹地在湘南。
> 江作青罗带，山如碧玉簪。
> 户多输翠羽，家自种黄柑。
> 远胜登仙去，飞鸾不假骖。

可以看出，虽然韩愈同样未曾到过广西，但当时关于广西山水的传闻已经相当具象，因此韩愈才能提炼出"江作青罗带，山如碧玉簪"这样形容桂林山水的传世经典名句。在诗的结尾，韩愈表示，桂林山水比传说中的仙境更加美妙，值得友人抓紧时间去上任。

白居易的《送严大夫赴桂州》虽然不及杜甫和韩愈那两首诗有名，但认真体味，白居易对桂林山水的描述相比韩愈明显更进一步，不仅写了桂林的气候和山水形胜，而且写了桂林官场的风气。

> 地压坤方重，官兼宪府雄。
> 桂林无瘴气，柏署有清风。
> 山水衙门外，旌旗艨艓^①中。
> 大夫应绝席，诗酒与谁同？

从"柏署有清风"这个句子可以看出，白居易对当时桂林的官场风气是相当推崇的。而"山水衙门外，旌旗艨艓中"则让人对桂林官员办公的环境相当羡慕。

以上三首诗描写的都是桂林山水，可见桂林山水已经名闻京都。此外，广西其他地方的风物亦颇有声誉，如王维的《送邢桂州》尾句说："明珠归合浦，应逐使臣星。"

王维比杜甫年长十余岁，算是杜甫的同时代人。汉代"珠还合浦"的典故到了唐代早已深入人心，可见广西不仅桂林山水令人倾心，海滨风光之胜也声名远播。

不过值得注意的是，如前所说，杜甫、韩愈、白居易、王维都未曾到过广西，他们所作的山水诗都是为送朋友到广西上任所

---

① 艨（lóu），楼船；艓（dié），小船。

作。可以想象，朋友要离开京城，远赴边陲，心情不会很好，因此，诗人们主要是描写广西气候、风景及风气的美好，以安慰远行的友人，振作其精神。

那些到过广西的文人，他们创作的山水诗更真切地描写了广西山水的风貌。

作为唐朝最重要的诗人之一，李商隐曾在桂林平乐任职，写过不少广西题材的诗歌，如《桂林即事》：

> 城窄山将压，江宽地共浮。
> 西南通绝域，东北有高楼。
> 神护青枫岸，龙移白石湫。
> 殊乡近河祷，箫鼓不曾休。

这首诗前面六句描写桂林的地理形胜，末尾两句写当地的风俗风物。可以看出，若不是亲临其境，诗人是写不出这样的情景的。

广西山水确实有其美丽至极的一面，请看宋代邹浩这首《画山（其二）》：

> 三峰洞阔映天长，大巧由来未易量。
> 我欲移归殿前去，万年千载对君王。

邹浩这首诗写的是阳朔的画山，即著名的九马画山。在邹浩

看来，画山实在太美了，都可以当贡品了。他希望把画山搬到皇宫前，千年万载地供帝王欣赏。

如果说那些凭传闻写作的广西山水诗侧重描写广西山水之美，那么，那些被朝廷派到广西任职的文人，他们笔下的广西山水诗所传达的思想情感则更为丰富和复杂。

如宋之问的《过蛮洞》：

> 越岭千重合，蛮溪十里斜。
>
> 竹迷樵子径，萍匝钓人家。
>
> 林暗交枫叶，园香覆橘花。
>
> 谁怜在荒外，孤赏足云霞。

宋之问是唐代诗人，曾被流放到钦州，最后死在桂林。这首诗虽然也写了广西山水之美，但结尾却强调了广西的荒远偏僻和诗人孤寂飘零的心情。

柳宗元同样是到过广西的唐朝著名文学家，请看他这首《登柳州城楼寄漳汀封连四州刺史》：

> 城上高楼接大荒，海天愁思正茫茫。
>
> 惊风乱飐芙蓉水，密雨斜侵薜荔墙。
>
> 岭树重遮千里目，江流曲似九回肠。
>
> 共来百越文身地，犹自音书滞一乡。

　　这首诗首联写了柳州的边远辽阔，颔联和颈联写柳州的山水风光，尾联写到广西的民族风俗。显而易见，身临其境与凭借想象的感觉是不一样的。远在京城的杜甫、韩愈、白居易描写广西山水风光时，传达的是较为单纯的喜悦欣赏之情，而置身广西的柳宗元，虽然也描写了堪称惊艳的广西风光，但更传达了诗人远

● 柳州柳侯祠

离家乡、远离京城、仕途受挫的不顺畅心情。

　　远离家乡、京城，仕途受挫，这些当然是不愉快的人生经历，但能欣赏到美丽的广西山水也是一种补偿，宋代李纲的《象州道中二首（其一）》就表达了这种心情：

　　　　　　路入春山春日长，穿林渡水意徜徉。
　　　　　　溪环石笋横舟小，风落林花扑马香。
　　　　　　山鸟不知兴废恨，岭云自觉去来忙。
　　　　　　炎荒景物随时好，何必深悲瘴疠乡。

　　以上山水诗的作者皆非广西人士，他们或描写传闻中的广西山水，或描写身临其境感受到的广西山水。下面两首山水诗的作者来自广西本土，即唐朝的广西"二曹"——曹邺与曹唐。

　　曹邺的《碧浔宴上有怀知己》写的是桂林山水：

　　　　　　荻花芦叶满溪流，一簇笙歌在水楼。
　　　　　　金管曲长人尽醉，玉簪恩重独生愁。
　　　　　　女萝力弱难逢地，桐树心孤易感秋。
　　　　　　莫怪当欢却惆怅，全家欲上五湖舟。

　　这首诗首联描写山水风光，颔联和颈联表现愁闷孤苦的心情，尾联流露漫游江湖的愿望，显示出作者的别有抱负。

　　曹唐的《南游》为作者沿漓江下梧州时所作：

尽兴南游卒未回，水工舟子不须催。

政思碧树关心句，难放红螺蘸甲杯。

涨海潮生阴火灭，苍梧风暖瘴云开。

芦花寂寂月如练，何处笛声江上来。

　　这首诗有声有色，有光有影，有情有景，山水风景的描写与作者的情感抒发融为一体。曹邺和曹唐的这两首诗，表明唐朝时期广西本土诗人的山水诗写作已经达到较高的境界。

　　唐以后，随着经济的发展，广西偏远荒凉的一面越来越淡化，美丽动人的一面越来越突显。明代董传策曾在南宁任职，请看他在《青山歌》中所描绘的南宁风光：

青山高，千峰石笋插层霄。

青山下，江水平铺村影射。

青山小，卷石嶙峋竹啼鸟。

青山大，五象星罗吹响籁。

青山晴，波光万顷盘蛇城。

青山雨，烟霭微茫罩松树。

青山风，蛟龙吼怒凌长空。

青山月，青螺一点银盘突。

青山暝，渔歌欸乃摇江铃。

青山晓，玉露瀼瀼断林杪。

青山清，一股泉飞石上声。

> 青山四时尝不老，游子天涯觉春好。
> 我携春色上山来，山花片片迎春开。
> 仙人云盖飘亭子，泉水之清洵且美。
> 我爱泉清濯我缨，白云袅袅衔杯生。
> 披云直上昆仑顶，鞭龙一决翻沧溟。
> 却洗尘氛破炎昊，路上行人怨芳草。

　　董传策本人是松江人，虽从富饶的江南被贬至广西，但他在诗中所表现的单纯的欢欣喜悦，在明朝以前的广西山水诗中难得一见。

　　与中国主流山水诗相比，广西山水诗不仅有对美丽山水的描写，有作者对人格志趣的抒发，而且有对边疆民族地区的风情、风俗、风物的描写，有对诗人离开主流文化圈复杂心绪的刻画。八桂地域特有的山水风光，给予诗人特别的"江山之助"。因此，广西山水诗的文化价值，似乎比我们早已熟悉的中原地区、江南地区的山水诗的文化价值更为多元。

山水散文：发现遐荒之大美

广西山水在古代散文中最初出现的大致形象是令人畏惧的"炎荒"。唐初著名文学家宋之问《在桂州与修史学士吴兢书》中这段有关广西地理人文的描写经常被论者征引：

拙自谋卫，降黜炎荒。杳寻魑魅之途，远在雕题之国。飓风摇木，饥鼬宵鸣。毒瘴横天，悲鸢昼落。心凭神理，实冀生还。关号鬼门，常忧死别。事未瞑目，岂在微身。

在宋之问撰写此文几十年后，唐代另外一位文学家任华所作《送宗判官归滑台序》一文则一扫宋之问文中的忧惧之气，对广西山水进行了高度的肯定：

霜天如扫，低向朱崖。加以尖山万重，平地卓立。黑是铁色，锐如笔锋。复有阳江、桂江，略军城而南走，喷入沧海，横浸三山。则中朝群公，岂知遐荒之外，有如是山水？

虽然在任华文中，广西仍是遐荒，但遐荒之中却有美不胜收的山水。这是任华的发现，并且很快为众多唐代文学家所认同。

然而，如此美妙的山水，因为位于边远地区，难为人知。哪怕是著名的独秀峰，即便它耸立在桂林城中心，甚至是由南朝著名文学家颜延之命名，但仍然是"胜概岑寂，人无知者"。

不过，那些见多识广的文学家，会更敏感地意识到广西山水的美妙。比如，柳宗元的《桂州訾家洲亭记》就写出桂林这座山水城市的独特之处：

至若不骛远，不陵危，环山涧江，四出如一，夸奇竞秀，咸不相让。遍行天下者，唯是得之。

该段文字大意为：不必长途跋涉，不必登高临险，桂林是一座由群山和河流环抱，四周山水争奇斗艳的城市。走遍全国各地，如此美妙的山水，只能在桂林这座城市看到。

值得注意的是，自唐代以来，历代皆有一些极具审美眼光的人，他们不仅能够发现广西山水之美，而且能够开发广西山水之美。比如，唐代的李渤就是这样一位品味高雅的官员。在桂林期间，他开发了隐山、南溪山两处山水形胜。其《南溪诗序》写到他开发南溪山水的情形：让原来深藏不露的景物显山露水，在峻险处修建登山道，在胜景处修建观景阁，让亭台水榭如翅膀那样展开以用于观景，又种植松竹为山水增添雅致的韵味。

吴武陵的《新开隐山记》则较为详细地描述了李渤开发隐山

桂林南溪山公园

的情形。先清除荆棘，疏导清泉，将山命名为隐山，泉为蒙泉，溪为蒙溪，潭名金龟，洞名北牖、朝阳、南华、夕阳、云户、白蝙蝠。有莲花生长的洞命名为嘉莲洞，有白雀飞来的洞命名为白雀洞。这些命名或是因为其形象，或是因为其祥瑞，几乎比画的地图还要清晰。接着在山顶建亭，不铺张不夸饰，很快就建成了。在亭中观景，极目千里，飞禽走兽尽收眼底，看得人满心欢喜。又在北牖洞北面建亭，夹在溪潭之间，飞檐像大鹏展翅欲飞，高梁像一道彩虹横跨空中。亭子的左右建厨房、游廊、歌台、舞榭，周围种植竹子和树木，远离尘嚣。桂林城中的读书人和年轻女子喜欢在这儿举办宴会。天气好的时候，有的人独自前往，在亭子下倾听咏词唱曲。

面对自然山水，李渤所做的第一件事是为其命名，名字的由来皆有深意。第二件事是修建静态的人文景观，且人文景观必须与自然景观融为一体。第三件事是举办动态的人文活动。深厚的人文内涵、雅致的建筑布局、丰富的人文活动，三者合一，成为李渤山水开发的三重内涵。值得一提的是，李渤山水开发的第三个内涵与如今的山水实景演出相类似。

除了对广西山水的描摹评价和利用开发，广西山水散文还保留了不少民间记忆，如明朝王济的《游古钵山记》。古钵山，即今横州娘娘山。文章介绍了古钵山名字的来历，描写了古钵山的自然风景，还讲述了古钵山神庙的故事。明代文学家曹学佺在为钟惺的《蜀中名胜记》作序时说："山水者，有待而名胜者也，曰事，曰诗，曰文。之三者，山水之眼也。"如今横州娘娘山仍然广为人知，正是因为有《游古钵山记》这样的散文，有陈姓妇人放生鲤鱼，鲤鱼救助陈姓妇人这样的报恩故事。它们构成了娘娘山的一部分，使娘娘山名声传诵千百年。

　　某些如今默默无名的山水景观，也保留在山水散文中，如明代张所望《瑞泉记》一文，记录的是玉林的紫泉。文章写了濯缨泉到紫泉到瑞泉的命名流变，记录了紫泉出则伴有人才出的典故，说明了紫泉酿酒的功能。山水散文还记录了不少神秘难解之现象，或是附会，或有科学原理，如今读来，亦有意趣。

山水画

　　艺术史家、美国芝加哥大学教授巫鸿认为："虽然'风景'是世界艺术中的一个常见表现内容，但是没有哪一个美术传统像中国这样，在上千年的历史长河中把山水画发展成为一个博大精深的艺术体系，在自然形象中寄托了丰富的人文内容、伦理思想、政治抱负及私人情感。与之同时不断完善的一个完整而深刻的山水美学理论更是世界上绝无仅有。"

　　在巫鸿看来，中国山水画中"山水"的艺术构成和升仙的思想有关，经典的山水画反映了建造人间天堂的愿望。早在屈原生活的时代，就已经出现了"仙山"的概念。"仙山"在中国具有长生不老的文化内涵，"当一个人的心灵与仙山会通时，便可达到悟道的境界"。巫鸿认为，"山水是有'灵气'或'生气'的。它们不再是土石之构，而是被赋予了内在的生命和力量"。

仙山想象：用画笔描绘缥缈梦境

广西山水艳绝天下，自然是山水画的绝佳题材。然而，在清代之前的中国绘画中，我们极少看到广西山水题材的山水画。何故？唯一的原因，就是广西地处华夏边陲，是少数民族地区，中原文化在广西兴起的时间较晚。中原人士到广西的不多，擅长丹青者尤少。北宋孙光宪所著《北梦琐言》记有这样一则故事，说要想见到美丽的广西山水，必须付出将人打伤而被判刑流放广西的代价。

王赞侍郎，中朝名士。有弘农杨蘧者，曾到岭外，见阳朔、荔浦山水，谈不容口。以阶缘，尝得接琅琊从容，不觉形于言曰："侍郎曾见阳朔、荔浦山水乎？"琅琊曰："某未曾打人唇绽齿落，安得而见？"因之大笑。杨宰俄而选求彼邑，挈家南去，亦州县官中一高士也。

中国山水画在魏晋南北朝时逐渐发展，书画家郑午昌指出：

● 山水画

　　秦烈裔画四渎、五岳之图，汉刘褒画云汉、北风之图，吴之赵夫人绣山河形势于军服，虽已见山水画之端倪；然以体用兼备论，可称为山水画之成功者，实在晋室东迁以后。盖晋室既东，江北之地，尽为诸胡所割据，北方汉族，不能安其故居，才智之士，相率而南。此辈既从难地来客斯邦，又受南方所盛行之老庄思想之浸淫，群趋于爱自由爱自然之风尚，而江南人物俊秀，山水清幽，自然美又足以激动其雅兴。于是对景生情，多有能罗丘壑于胸中，生烟云于足底者。明帝之轻舟迅迈图，卫协之宴瑶池图，戴逵之吴中溪山邑居图，顾恺之之雪霁望五老峰图，皆系山水名作。唯当时所谓山水画者，多为人物画之背景，独恺之所作，乃能从人物画之背景，更进一步，故有我国山水画祖之称焉。

　　郑午昌提到，山水画的形成与老庄思想之浸淫有关。对此，德国学者雷德侯亦有类似看法。他认为当山水画在六朝时期逐渐独立出来的时候，它仍然保持着宗教的"超验"或"升华"的观念。巫鸿则认为："在这个复杂的渐变过程中，宗教价值逐渐转变为美学价值，但并没有完全消失。宗教概念和含义仍然存在，在不同程度上持续影响美学的感知。"

　　据文献记载，最早的广西山水画是米芾的《阳朔山图》。米芾是北宋人。北宋山水画大家有"李郭范米"，即李成、郭熙、范宽、米芾四人。米芾于熙宁七年（1074 年）迁临桂尉，同年五月三十，与临桂县令潘景纯游伏波山，题名题刻于还珠洞。《阳朔山图》为米芾于桂林任职期间创作。该原作已不存世。元代

● 桂林伏波山还珠洞米芾自画像石刻

陆友《研北杂志》有文字记载关
于《阳朔山图》的信息，说明了
米芾《阳朔山图》的由来，也强
调了桂林山水对于中国山水画的
特殊意义。

　　到了宋代，虽然中国山水画已
经相当成熟，但画家极少见过桂林山水，他们的山水画作大多无法
描摹桂林山水的奇巧。当时的人们虽然已经知道桂林山水为天下第
一伟观，可惜只有非常少的人身临其境，而能够用绘画表现桂林山
水的人更是微乎其微。

　　根据桂林书画史专家林京海的文章，南宋范成大创作有《桂
山真形图》。该作品是范成大到桂林的第二年春天创作的，为消
除家乡朋友和亲人对他远在南方为官的担忧及回答亲朋对于桂林
风土的询问而绘制。

　　虽然米芾的《阳朔山图》原作已不存世，但明代邹迪光曾作
有《阳朔山图卷》。邹迪光并未到过桂林，据说他的《阳朔山图卷》
是根据流传于世的米芾《阳朔山图》赝本绘制的。《阳朔山图卷》

收藏于桂林博物馆，是目前流传最早的绘于绢素上的桂林山水画
作品。

明代王士性作有《桂林图》，为王士性《五岳游草》第七卷《桂
海志续》的附图，描绘了王士性任广西参议期间所游历的桂林13
处名山和岩洞。

据林京海推证，明代刘度绘有《隐山图》。该图描画隐山冈
峦起伏，岩壑嶙峋，洞穴玲珑交错，鸣泉飞瀑争流，山间老树婆
娑，峰顶楼阁高耸，两高士趺坐于磐石上，仰观飞鸟，俯察游鱼，
一派天真烂漫。

奇峰草稿：写尽真实山水的生动活泼

　　清代，广西文化逐渐发达，涌现出许多知名山水画家。其中在中国绘画史上享有重要地位，并且具有世界影响力的是石涛。

　　石涛，靖江王后裔，出生在桂林，本姓朱，名若极，字石涛，法名原济，自号大涤子、苦瓜和尚、清湘陈人等。1645 年，石涛到全州湘山寺削发为僧。大约在 1650 年之前，石涛离开全州，云游湖广，曾居庐山。1655 年，首次游黄山。桂林、庐山、黄山，皆为中国南方绝美的山水之地，由此可见石涛浸淫山水程度之深。在中国绘画史上，石涛与清代"八大山人"朱耷齐名。与其同时代的著名画家王原祁称其画"大江以南，无出石师右者"。石涛不仅是著名画家，也是重要的绘画理论家，他的《石涛画语录》被认为是"世界艺术理论的杰作"。

　　虽然石涛很早就离开了桂林，但桂林山水在石涛的作品中留下了鲜明的印记。《石涛：清初中国的绘画与现代性》一书的作者乔迅认为，石涛绘画作品中有许多圆锥形的山峰，恍如高入云端的桂林景致，这表明石涛的作品与桂林著名的喀斯特地貌有关。乔迅甚至推测，石涛许多以山洞岩窟为题材的画作，很有可能画

的是桂林的岩洞。

中国山水画中常常有人物出现。巫鸿认为，山水画中的人物可以引出两个思考：一是展现人与自然的关系；二是艺术家如何在山水画中表现自我。石涛的山水画堪称中国山水画的典范。石涛虽主张“搜尽奇峰打草稿”，但其山水画并不是山水自然的客观反映，而是呈现了他的自我投射和精神升华。石涛在他的洞窟画中或将自已置于洞窟之中，或被洞窟包围，这暗示了石涛作为桂林靖江王后裔的身世。

在石涛之后，广西本土山水画家逐渐出现，主要有罗存理、周位庚、罗辰、李熙垣、朱树德等人。

罗存理，桂林人，与周位庚、朱伦合称“清初广西三大画家”，山水画“师法巨

罗辰所作山水图

然（五代山水大家），喜作穷岩绝壑，灌木丛莽，时有'通神入化'之誉，阮元乃称其'品学端方，丹青入妙，实当代荆关（五代山水画家荆浩和关仝）'"。有《山水图轴》藏于桂林博物馆。

周位庚，临桂人，其山水画被誉为"清代广西山水画之冠"，"师法倪瓒、黄公望，兼法石涛，笔致苍浑秀绝"，作品《水阁清秋图轴》现藏于永福县博物馆。

罗辰为罗存理之子，有《桂林山水图册》，描绘全州、兴安、灵川、永福、灌阳、阳朔等地山水名胜，共33幅。

李熙垣，永福人，为清代中期广西最有影响力的山水画家，"其画山水，直从清初'四王'问津宋元，出入倪瓒、黄公望间，丘壑幽深，皴擦苍厚，气韵深湛"。代表作《江行图》藏于永福县博物馆。

朱树德，临桂人，山水画师法"八大山人"，绘制《桂林八景图说》，图刊出后，"人称其所作能会佳山水于襟怀，其模山范水之肖，雄奇古秀之笔，苍润疏旷之致，有濯足万里流，振衣千仞冈之概"。

清代旅居广西的外省画家，以广西山水为题材的绘画作品亦日趋增多。如张祥河的《桂林名胜图卷》、张宝的《漓江泛棹图册》、叶梦草的《桂林岩洞图》，这些山水画作品，大多以客观写实的方式，展示了桂林山水的绮丽秀美。

1905年夏至1906年秋，画家齐白石在广西旅居一年多。这是他一生中"五出五归"的"三出三归"。他旅居的地方主要是桂林阳朔、梧州和钦州。

● 齐白石所作《独秀山》

身临其境，广西山水让齐白石为之震撼，他说："进了广西境内，果然奇峰峻岭，目不暇接。画山水，到了广西，才算开了眼界啦！"旅居桂林期间，齐白石创作了《独秀山》《漓江泛舟》等作品。

桂林山水对齐白石的山水画创作产生了深刻的影响。多年以后，他仍然对桂林山水念念不忘，曾对胡佩衡说："我在壮年游览过许多名胜，桂林一带山水，形势陡峭，我最喜欢。别处山水，总觉不新奇……我生平喜画桂林一带风景，奇峰高耸，平滩捕鱼，即或画些山居图等，也都是在漓江边所见到的。"

由此可见，桂林山水成为齐白石壮年以后山水画的重要原型。然而，对于看惯了以中原山水和江南山水为原型的中国山水画欣赏者来说，桂林山水似乎过于奇特，让人觉得不是真实的存在，超出了人们的欣赏习惯，以至于齐白石以桂林山水为原型的山水画受到一些人的讥笑，抨击这些山水画"粗野"，是"野狐禅"。

对此，齐白石专门写过一首诗：

逢人耻听说荆关，宗派夸能却汗颜。
自有心胸甲天下，老夫看惯桂林山。

虽然齐白石的山水画受到一些人的诋毁，但亦有人认为齐白石的山水画"与众不同，画格很高"（陈师曾语）。不管怎样，在齐白石"三出三归"几年之后，桂林山水逐渐成为中国山水画的重要原型。

原型写真：中国山水画的桂林时期

　　进入 20 世纪，随着交通条件的改善，特别是湘桂铁路开通后，众多杰出的画家来到桂林，将桂林山水作为他们的创作原型，创作了大量相关的绘画作品。

　　1928 年，著名画家黄宾虹借到南宁讲学的机会游览桂林，为友人陈柱作《八桂豪游图》，这是一幅约 10 米的长卷，描绘的是自昭平到桂林的风光。1935 年，黄宾虹第二次到广西，这次重游，他创作了《桂林八景图》《勾漏听泉图》等作品。虽然黄宾虹此后再没有重游广西，但桂林山水在黄宾虹心中留下了深刻印象，在接下来的二十年间，他仍然创作了多幅桂林山水题材的作品，如《阳朔山水》《阳朔山中纪游》《漓水奇峰》《漓江山水》等。在晚年，黄宾虹还对漓江山水念念不忘，创作了《纪游山水》，在其中描绘他记忆中的漓江山水。

　　陈宏，广东海丰人，曾就读于法国巴黎国立美术学院，受当时广西"模范省"风气的感召，1933 年到广西从事艺术教育工作。1934 年，陈宏发起成立了广西美术会，担任会长。1935 年，陈宏专程到桂林进行为期三周的写生。这次桂林之行，陈宏创作了

● 黄宾虹的《阳朔一角》

　　《风洞东望》《列峰倒影》等作品。1937 年，陈宏与徐悲鸿、马万里等人筹办了广西第一届美术展览。

　　1935 年，徐悲鸿到了桂林。当时的广西当局专门在独秀峰西南处盖了新楼房，准备给徐悲鸿用来创办桂林美术学院，还在楼中设了寝室和画室。1938 年，广西教育厅在这座新楼举办了广西全省中学艺术教师暑期讲习班。徐悲鸿为来自广西各地的 80 多位艺术教师讲美术理论，并带着大家画人体、练素描。桂林山水不

● 徐悲鸿的《漓江春雨》

仅慰藉了当时失意的徐悲鸿，而且激发了他的创作灵感。在桂林，徐悲鸿创作了《漓江春雨》《青厄渡》《漓江两岸》等山水画名作。对此，廖静文说："他用淋漓的笔墨，描绘了烟雨迷蒙的漓江，苍茫而秀丽，在我国的山水画上别开生面。"有论者认为"独特的漓江风光，为徐悲鸿的独特山水提供了天然的画本"，广西山水引发了徐悲鸿山水画的三点创新：一是真正放弃了线的皴法，而使用阔笔的泼墨法，可称是真正的泼墨画；二是使用了清楚的倒影，增强了水的质感，而不沿用古代用线画水的技法，这影响到当代的水墨画家，如今使用倒影的画法已经比比皆是；三是将山水画前景的人文景观转变为鱼鹰这样的动物景观，增强了水光山色的远离尘嚣的野逸趣味，使得画中的意境别具一格。正是因为这些创新，《漓江春雨》成为徐悲鸿山水画的代表作。

值得注意的是，旅居桂林期间，徐悲鸿曾作大横幅《漓江船夫》，描绘完全裸体的两位船夫，人物几与真人同高，在船舷俯身逆水撑篙，人体与船舷平行，全身筋肉凸出，面容神气亦显示其专注与逆流搏斗，背景仅略见船身，构思构图罕见。这幅作品创作完成后极少公开展览，据说与当时广西当权人士认为此作"二人全裸，不甚体面，且写漓江船夫太苦，使秀丽的桂林山水减色"的看法有关。随着时代的进步，这种看法自然被历史淘汰，《漓江船夫》所表现的画面和弘扬的精神已经大放异彩，它不仅让世人看到广西柔情如水的一面，也让世人看到广西刚正如山的一面，刚与柔，动与静，苦难与美丽就是这样相辅相成的。《漓江船夫》至今仍然是中国山水画中极其独特的一幅作品，它既是

广西山水情境的真切写照，也是徐悲鸿艺术灵感与艺术修养相互激发的妙手所得。

　　1940年秋天，关山月开启他的"行万里路"计划，第一站即桂林。关山月在桂林停留约一年时间，举办了三次个人画展，展出了《漓江百里图》《月牙山的全景》《訾洲晚霞》《桃花江》等作品。其中，《漓江百里图》是关山月住在广西参议李焰生家中，花了整整一个月时间绘制而成的。该作品长近29米，是关山月早年的代表作品，现藏于深圳市关山月美术馆。陈俊宇认为，西南嶙峋的山石、雄强突兀的地貌给了关山月启示，"他明显地运用了圭角方硬的山石造型，并以水墨钩斫为主要手段去塑造秋后江景"，采用的是"苍劲兀突、刚劲而方折的语言"。

　　1956年，64岁的胡佩衡专程到桂林写生。此次桂林之行是胡佩衡美术历程中非常重要的经历，直接催生了胡佩衡山水画创作的"晚年变法"。他创作了《漓江双帆船》《漓江兴坪》《漓江村景》等作品。在徐悲鸿之后，胡佩衡再次表现了对山水画倒影的关注。他说：

　　例如我在漓江草坪以南，看到江水里的峰峦倒影很美丽，于是下船写生。下船后，为了构图和取景，走了好远，最终才选定了位置，既要看清楚了山的倒影，又要合乎民族风格的构图，同时也要照顾到画面上的趣味。趣味就在山的倒影，倒影中有帆船，白帆也有倒影，映在山的倒影里，非常生动有趣味。

● 胡佩衡桂林山水画作

漓江的倒影激发了胡佩衡画倒影的冲动。然而，在胡佩衡看来，中国画画倒影的技法已经失传了，他指出：

在古人论画里也有谈到倒影的，如顾恺之说"背向有影，下为涧，物景皆倒"等。但是，后来因为不需要，所以好多画家都不画影，因而画影的技法渐渐失传。历来不画影的原因：一则因为用散点透视法作画，画影左右前后无法一致；一则因为中国画是以描写物象精神为主的，画虚像的倒影似乎不必要。

画倒影的技法已经失传，那么，胡佩衡用什么方法来画倒影呢？胡佩衡本人给出了答案："我不过汲取一些西画办法融在传统技法里画成。"

1938年底至1939年春，李可染曾在桂林中学创作过一百多幅抗日宣传画。1959年、1962年、1980年，李可染都曾到桂林进行山水画创作，创作了《清漓烟雨图》《漓江边上》《清漓风光图》《漓江山水天下无》《月牙山图》等以桂林山水为题材的作品。他为《清漓风光图》题句："世称漓江山水甲天下，韩愈写漓江诗云'江作青罗带，山如碧玉簪'，曾三游漓江，见奇峰千万，水色清绝，置身其间，人间天上，神怡忘倦，感前人所誉非虚，祖国有如此河山，能不一再写之？"他的《阳朔》题句亦为："祖国有此好河山。"他立意为祖国河山立传，其名言："漓江为我作稿本，我为漓江传千古。"漓江成为李可染"为祖国河山立传"的胜境之一。他为其作品《漓江》题句："吾三游漓江，觉江山虽胜，然构图不易，兹以传统以大观小法写之，人在漓江边上终不能见此景也。""以大观小法"是李可染在画漓江时对古人山水绘画技法的创造性运用，使山水获得了纵深的表现。

20世纪60年代，中央美术学院的宗其香带学生到桂林实习写生，他们租了一艘漓江上特有的顶上船帆为朱红色的船，十余人弃岸登舟，以船为家，在漓江上一路观景，一路作画。在阳朔，宗其香喜欢上广西特有的奇石，他采集了两大篓奇石，与他的学生费尽艰辛运回北京。1977年秋至1981年春，宗其香先后七下广西，跑遍了广西的主要城市、乡村，包括边境和海岛，饱览了广西奇特的山水景色，绘制了《独峰探奇》《水岩奇观》《漓江夜泊》等以山水为主的国画精品。宗其香还把从广西采集到的奇石和奇花异草，用堆塑的方法创造出一件装饰作品"桂林山水"，被同行好友称为"半壁江山"，而他在团结湖的画室也被命名为"残石楼"。

20世纪70年代，吴冠中到了桂林，他爬上有"江山会景处"之誉的叠彩山，秀丽江山尽收眼底。他专程到阳朔，体会漓江山水"青罗带"与"碧玉簪"的和谐之美。他先后创作了《桂林江山》《桂林》《漓江新篁》《阳朔渡口》等油画作品。有一次，他乘坐公共汽车到芦笛岩，窗外的红树、秋山、白屋随着汽车的行进而闪现，妙不可言。他反复乘车追踪这种美妙的形象，创作了油画《桂林山村》。

1938年，一位毕业于广州市立美术学校的青年画家因参加抗

日救亡工作而途经桂林，为漓江山水的雄奇秀丽所震撼，从此魂牵梦萦，他就是叶侣梅。1946年，抱定为中华锦绣山河传神写照的心愿，叶侣梅重返桂林，在广西艺术专科学校担任山水画教师。从1946年至1984年，在长达38年的时间里，叶侣梅定居桂林，创作了大量的桂林山水画。他自称："为求江山之助，常踯躅于山巅水涯，问道于渔子樵夫，对景挥毫，悉心探索，废纸三千，未得其真。"虽然他自谦未得桂林山水之真，但是，叶侣梅对桂林山水画的发展有较大贡献。正如《叶侣梅漓江山水画册》中提到：叶侣梅的桂林山水画，体现了正在形成的漓江画派的特色。

● 阳太阳所作《古桥榕荫》

据研究，这是"漓江画派"这个概念第一次出现在正式出版物上。此后，漓江画派越来越多地出现在公众视野。随着一代又一代艺术家问道广西，写生漓江，描绘桂林，中国山水画在中原画派、江南画派、黄山画派、岭南画派等画派之后，又多了一个漓江画派。

1909年，阳太阳出生于桂林芦笛岩下庙门前村。1929年，阳太阳进入上海美专，两年后又到上海艺专继续求学至1931年毕业。1935年，阳太阳到日本留学。1937年，阳太阳回到桂林，在时为抗战文化中心之一的桂林，作为重要的画家和诗人进行创作。20世纪50年代，阳太阳曾先后在广州、武汉任教。1959年，他重返广西，担任广西艺术学院教授。多年来，无论在广西还是在外省，阳太阳的绘画创作都有鲜明的广西元素。《漓江木排》《漓江之晓》《漓江清远》《漓江岚韵》《青罗碧玉图》是其有较大影响的漓江题材作品。阳太阳是20世纪最具影响力的广西本土画家之一。2008年，《广西壮族自治区人民政府关于授予阳太阳先生"人民艺术家"荣誉称号的决定》指出，阳太阳先生"是漓江画派的开拓者、旗手和领军人物"。

20世纪，从齐白石到徐悲鸿，从李可染到吴冠中，中国最杰出的绘画大师不约而同来到广西桂林。中国山水画进入桂林时期。桂林山水成为20世纪中国山水画的主流原型范本。艺术大师们在桂林搜尽奇峰打草稿，创作出一大批开拓了中国山水画新境界、新技法的经典作品。

山水摩崖

　　摩崖是指在山崖上刻的文字、佛像等。广西到处是山，大量的岩溶地貌为摩崖提供了重要的地质基础。清代叶昌炽在《语石》中说道："桂林山水甲天下，唐宋士大夫度岭南来，题名赋诗，摩崖殆遍。又多纪功之刻，自大历《平蛮颂》、建中《石室记》以下盖数百家，谢氏金石略，桂林诸岩洞不啻居全帙之八九。此外全州湘山寺、融县真仙岩、富川碧云洞，落落晨星，不足当虬龙之片甲。"他还做出如此论断："唐宋题名之渊薮，以桂林为甲。"广西摩崖包括了岩画、石刻和造像三种类型，堪称品种齐全，内容丰富。可以说整个广西就是一个摩崖博物馆。

　　如果说山水文化是广西最典型的文化类型，那么，山水摩崖就是广西最典型的文化景观。

摩崖岩画：古代骆越人与自然的对话

岩画，特指刻画在岩石或崖壁上的图画，也叫崖壁画。1988年，在澳大利亚达尔文市召开的国际岩画会议，史称达尔文会议。该会议表明岩画研究已经成为一门独立学科，称为岩画学。专家认为，岩画"可以超越地域的阻隔、文化的差异、语言的不同，成为人们用以相互传达信息和交流的'原始语言'，从而更显得它是重建人类整体历史非常重要的资料"。

广西崇左有一条江，叫左江。郁江南源。左江位于广西西南部，上源水口河、平而河均出越南，在水口关、平而关入广西境，于龙州汇合为左江；东北流到南宁市以西和右江汇合为郁江。河道弯曲，两岸石灰岩地形发育，崖壁多古代大型壁画。龙州以下可通航。左江长539千米，中国境内流域面积3595平方千米，其西面为云贵高原余脉，北面为西大明山，南面为十万大山，东部与邕江流域连为一体。在行政区划上，左江流域大体在崇左市管辖区域的范围，包括崇左市江州区、宁明县、龙州县、凭祥市、大新县、扶绥县、天等县等。

根据《广西左江岩画》，可知左江流域是广西著名的峰林 –

● 左江花山岩画

槽谷岩溶地区之一，喀斯特地貌发育较好。境内石山如林，奇峰罗列，左江及其支流蜿蜒于峰峦起伏的群山之间。沿江两岸，群峦叠嶂，山清水秀，风景如画。

　　在明江、平而河、左江沿岸及其附近峰林石山的悬崖峭壁上，保存着许多珍贵的古代文化遗迹——岩画。其中以宁明县耀达花山和龙州县棉江花山的岩画规模最大、图像最多、场面最为壮观。因此，这些岩画或称为左江岩画，或称为花山岩画。相对而言，花山岩画这个名字被更多人认同。因为，"花山"这个名字来自壮语"岜莱"，意思为"有绘纹画像的山"。以花山岩画为代表的左江沿岸山峰崖壁上留存的岩画，共同构成了广西山水文化最神秘、最神奇、最神圣的文化景观。

2016年7月，在第40届联合国教科文组织世界遗产委员会会议上，左江花山岩画文化景观成功列入《世界遗产名录》，成为中国第一个被列入《世界遗产名录》的岩画遗产，也是我国第一个"有机演进的残遗（或化石）景观"这一文化景观子类型的遗产地。

虽然古人在长达数百千米的左江流域留下了蔚为壮观的岩画景观，但目前已知的古籍文献里，有关花山岩画的记载既稀少又简略，主要有如下几条：

宋代李石编著的《续博物志·卷八》："二广深溪石壁上有鬼影，如澹墨画。船人行，以为其祖考，祭之不敢慢。"

明代张穆《异闻录》记载："广西太平府有高崖数里，现兵马持刀杖，或有无首者。舟人戒无指，有言之者，则患病。"

明代黄定宜《考辨随笔》："沿溪三十六峰，皆山崖壁画也。"

清嘉庆年间编的《广西通志》："（新宁州）画山，州东三十里，灵异变现，有仙人影。"

清光绪九年（1883年）编纂的《宁明州志》载："花山距城五十里，峭壁中有生成赤色人形，皆裸体，或大或小，或持干戈，或骑马。未乱（指太平天国运动）之先，色明亮；乱过之后，色稍黯淡。又按沿江一路两岸，石壁如此类者有多。"

1949年以来，国家对左江流域的岩画进行了多次调查，左江

流域共发现 89 个岩画地点，其中宁明县 4 个、龙州县 21 个、江州区 30 个、扶绥县 24 个、大新县 5 个、凭祥市 3 个、天等县 2 个，分布绵延 200 多千米，个体图像在 5000 个以上。

左江岩画的图像大致可分为人物、动物、器物三大类别。人物图像包括正身人物和侧身人物。动物图像包括兽类图像和鸟类图像。器物图像包括兵器图像和礼乐图像，前者有刀、剑、匕首，后者包括铜鼓、天体、钟铃。

左江花山岩画是古代骆越人与自然对话的一种方式。中国文化遗产研究院赵云认为：

左江花山岩画文化景观是岩溶地貌中以岩画为核心，利用特定的自然环境而形成的"自然与人的共同作品"。作为公元前 5 世纪至公元 2 世纪左江沿岸骆越人留下的重要文化遗存，左江花山岩画文化景观以一系列以岩画为核心而精心建构的、服务于祭祀仪式的文化景观单元和其独特的"蹲式人形"为基础符号的图像表达系统，见证了约 2000 年前当地先民的精神世界和社会发展面貌，反映了该区域由舞蹈祭祀仪式、岩画绘制活动彼此交融而形成的极其繁荣、富有活力的祭祀传统，以及人类与自然沟通的独特方式。不可思议的作画位置和大规模的图像证明，岩画的创作过程虽然异常艰难，但却达到了极高的美学成就，反映出创作者杰出的作画技术和强烈的精神追求。

从其独创的景观构成模式、岩画图像表达系统、罕见的作画位置、巨大的画幅规模，其作为历史见证的独特性，以及其体现的人与自然的沟通来看，左江花山岩画文化景观无疑是岩石艺术文化景观中的杰出范例，是世界岩画艺术的代表作之一。

　　除左江岩画外，靖西市旧州东山东边岩洞洞口东壁有骑马图像，靖西市岩怀山有生殖崇拜岩画，河池市宜州区怀远镇古波画马岩有马匹、人物、器具等图像，金秀瑶族自治县桐木镇帽合山亦有骑马像、人面像岩画。

● 宜州古波画马岩岩画

摩崖石刻：山川之胜兼得翰墨之韵

　　摩崖石刻是广西山水文化一大景观。广西为什么有如此多的摩崖石刻？桂海碑林博物馆馆长曾燕娟认为："广西各地山峰林立，千岩竞秀，且多为软硬度较为适宜施刻的石灰岩山崖。如桂林的七星山、叠彩山、伏波山、独秀峰、南溪山等，柳州的鱼峰岩，融水的真仙岩，北流的勾漏洞，富川的真君岩，灵山的三海岩等，无一不是石崖峭立，山川秀美。于是，'其有事涉时地，取传久远，则因山崖之石而刻其上'。历代名贤雅流濡毫留题，山川之胜，兼得了翰墨之韵。历经千百年，广西各名山洞府，因此大多摩崖遍布。"

　　清朝陈元龙作诗《龙隐洞》，专门写广西的摩崖石刻，全诗如下：

> 看山如观画，游山如读史。
>
> 桂州岩穴奇，石刻穷秘诡。
>
> 岂惟考岁月，直可补载纪。
>
> 龙隐一拳石，耸倚江之沚。

● 桂林叠彩山

笻屐久已荒，虚窦滴古水。
宋人题识遍，藓花蚀成痏。
中有元祐碑，所谓党人是。
低徊驻游骖，循环读终始。
起自温与潞，讫王化臣止。
三百有九人，一一皆君子。
宋史或未详，兹焉炳名氏。
摩崖故不朽，光焰射滴水。
诸公千载灵，呵护洞门里。
遂使小丘壑，重与嵩岱比。
流连不能去，落日促旋轨。

起始两句"看山如观画，游山如读史"即描写广西山水景观的名句。

"看山如观画"，广义的理解是广西的山千姿百态，江山如画，这是广西山水的自然景观之画。然而，我们还可以做狭义的解释，即广西的山岩崖壁留下了许多古代绘画和雕刻作品，如崇左花山岩画，又如桂林西山的造像，这是广西山水的人文景观之画。观赏崇左花山、桂林西山，重点在于观赏绘画和雕刻。

"游山如读史"，说的是广西摩崖石刻中有大量历史记录，可以作为纸质文献的补充。诗中专门提到著名摩崖石刻《元祐党籍》，指出该石刻记录了309位元祐党人的姓名，宋史的记载或许还不如它详细。因此，游览广西名山，就如同阅读一部史书。

而早在南宋，陈谠《游桂林诸岩洞》就指出了桂林摩崖石刻如同史书的功能，该诗如下：

> 地迥山奇怪，神仙喜穴居。
> 百灵剜洞巧，五石补天余。
> 商野幽人梦，周南太史书。
> 心乎爱丘壑，胜处一踌躇。

周南，《诗经》的代称；太史书，历史书的意思。在陈谠看来，桂林岩洞的摩崖石刻就相当于《诗经》和《史记》这样的文学历史著作。

广西摩崖石刻不仅数量繁多，而且文体多样，内容丰富，包

● 桂林龙隐岩《元祐党籍》石刻

括述圣、纪功、颂德、记事、墓志、刻经、纪游、祈福等各种形式，反映了广西古代社会在政治、经济、军事、科技、文化、艺术、宗教、水利、医药、城市建设、民族关系等各方面的历史信息。这些镌刻在山水之间的摩崖石刻在今天具有教化、存史、审美和科研多方面价值。

1184 年，张栻书写的《论语·尧曰》刻于桂林普陀山弹子岩，属于刻经，也就是将孔子经典《论语》的片段文字刻在岩石上。据陈邕《跋》文认为，张栻书写该段文字，目的是"俾凡临民者，皆得目击心存，力行无倦，庶不负圣人之训"。

融水真仙洞刻有孔子像，并附南宋毛恕《夫子像赞》一文。孔子是圣人，该像与文刻于 1189 年，属于述圣。毛恕当时在融州任职，临刻该像的目的是"使并边之民皆得瞻仰圣德形容，而忠信笃敬之教行远域"。

无论是刻经还是述圣，上面两件石刻都有鲜明的教化目的，希望在广西任职的官员以及生活在广西的百姓都能够接受圣人的教诲。

像这种具有教化功能的摩崖石刻还有不少，桂林龙隐岩的《龙图梅公瘴说》刻于 1190 年，这件石刻属于刊文，是将当时昭州知府梅挚的《五瘴说》刊刻在岩壁上。

广西以往有"瘴乡"之说，传说染上瘴毒往往不治，故中原人士对此十分畏惧。梅挚认为，人们只看到岭南自然界的瘴疠，却没有看到官场社会的瘴疠——高税赋、恶司法、吃喝风、侵民利、伤风化。这"官场五瘴"无疑会对社会造成严重伤害，以至民怨神怒。这些镌刻在龙隐岩的文字，至今仍有深刻、形象、恳切的教育意义。

北宋时期曾发生过著名的"元祐党争"，围绕着王安石变法，经历了王安石"熙宁变法"、司马光"元祐更化"、蔡京"崇宁党禁"三个阶段。元祐党籍碑以石刻的形式记录了这一历史事件，北宋崇宁三年（1104年）曾在全国范围内刊刻。然而，随着时光的流逝，这些石刻大都消亡不存。至今，《元祐党籍》仅存两件，皆在广西，一件为摩崖石刻，1198年刻于桂林龙隐岩；另一件为碑刻，1211年刻于融水真仙岩。

1272年刻画于桂林鹦鹉山南麓的《静江府城池图》是图、记并存且形制最大的摩崖石刻地图。由该图可见宋代筑城技术之大成。

广西是少数民族地区，历史上发生过不少统治者镇压少数民族起义的事件。1526年刊刻于百色田阳田州镇的《平思田勒石文》就记录了明朝王守仁平定田州、思恩壮民起义的过程。面对动乱，王守仁没有采用武装镇压的方式，反而以文德的方式使动乱者归服。这件石刻，既是历史见证，也是历史启示。

桂林南溪山刘仙岩有一件石刻《养气汤方》，是北宋宣和年间地方官吕渭刻的，记录的是一副养生保健的方子。遗憾的是该方中的第三味药名缺了第一个字，成了一副残缺的方子。今人如果能够通过研究找回这味药，或许是对中国传统医药的一个贡献。

除教化、存史、科研价值外，广西摩崖石刻还有一个很突出的价值就是审美价值。广西摩崖石刻的审美价值，既表现在石刻书法、石刻绘画的艺术审美价值上，也表现在石刻文字所体现出

● 《养气汤方》石刻

来的山水审美意识上。就石刻书法、石刻绘画的艺术审美价值而言，曾燕娟在《追溯千年：石刻永流芳》一书中谈到，许多书法名家的书作传世寥寥无几，陆游墨迹存世不过十件左右，范成大传世书札仅六件，张栻仅两件，石曼卿、方士繇、吕胜己、陈说等已无缣素实物留存于今，但在广西石刻中却能一睹他们书法的风采，由此可见广西摩崖石刻的艺术审美价值。其他像阳朔碧莲峰的"带"字石刻、永福百寿岩的"寿"字石刻，既是书法精品，亦有丰厚的文化意蕴。就石刻文字的山水审美意识而言，广西摩

● 桂林龙隐岩清朝王静山"佛"字草书

崖石刻中有不少精妙的山水诗、山水散文和山水题词。山水诗和山水散文我们已经有专门篇幅介绍，此处不再论述。就山水题词而言，像桂林独秀峰东壁的"南天一柱"与"紫袍金带"、桂林象鼻山水月洞的"浣月"、桂林隐山朝阳洞的"捧日"、桂林叠彩山风洞的"吟风"、凌云水源洞的"寒泉有声"等都是情景交融、画龙点睛的文字，从中可以真切地感受到古人面对山水的审美情感，值得我们今人体会和琢磨。

摩崖造像：赋予山水人文多元价值

　　摩崖造像特指在自然山崖岩石上刮摩刻画的造像。摩崖造像以佛教题材居多，亦有少量其他题材的作品。

　　广西的摩崖造像主要集中在桂林，如西山的观音峰、龙头峰、立鱼峰、千山，伏波山的还珠洞，叠彩山的风洞，以及骝马山、龙隐岩等处。此外，贵港南山、百色田东八仙山、玉林博白宴石山等处也有少量摩崖造像。

　　桂林摩崖造像主要集中在西山、伏波山、叠彩山、骝马山、象鼻山、金山龙泉寺、轿子岩、龙隐岩等处，皆为佛教造像。

　　桂林西山现存造像 98 龛 242 尊，最早有明确纪年的是镌于龙头峰的唐上元三年（676 年）佚名造龛记。李实造像是西山最有代表性的造像。

　　1941 年，中山大学教授罗香林专门考察了桂林摩崖造像，并留下了当时田野调查的记录，其中对李实造像有聚焦式的描述。

　　罗香林对其考察的桂林摩崖造像有总体比较，他认为："桂林之佛教艺术遗物，自以西山摩崖造像为最胜，次之为伏波山还珠洞摩崖造像，又次为叠彩山摩崖造像。自余非可同日语矣。"

● 桂林伏波山还珠洞摩崖造像

贵港南山大洞北壁之上，遍布大小 30 多尊石佛，刻工精巧，法相庄严，其中最大的有 3 尊，位于正殿石壁间的弥勒佛立像，高约七八尺，妙相庄严，素称艺术精品。弥勒佛右侧两尊是坐式阿弥陀佛石像，高二尺，制作古朴。

又如博白南流江畔宴石山西南峰西侧有佛教摩崖造像，雕凿在距河面高约 15 米的天然崖壁凹面上，共 3 龛，中龛略大，内雕坐佛一尊，左右两龛略小，内均雕一佛二菩萨。据专家考证，"宴石山摩崖造像的雕凿年代可初步断定在 7 世纪末至 8 世纪上半叶，其明显受到桂林西山摩崖造像的影响，是广西地区重要的早期佛教遗存，也是桂东唐代佛教文化传播带的重要组成部

分。……证明了宴石山是桂东水路交通沿线的一处发展有序、佛道并弘的宗教文化中心"。

除佛教造像外，广西还有少量其他题材的摩崖造像，如田东江城乡八仙山麓前峰，在宽 20 米、高 10 米的石壁上，精雕细刻着八个栩栩如生的人物形象，旁边还刻有一个牛头人身像，画高 1 米多。从图像看，这八位人物就是古代神话传说中的铁拐李、汉钟离、张果老、何仙姑、蓝采和、吕洞宾、韩湘子、曹国舅等八位神仙。而那牛头人身形象，当地人称之为牛头仙。当地流传有一则民间传说：古时候，众仙人在江城赶山有功，玉帝召见他们准备封位，玉帝问有多少仙人，牛头只报八位，忘了自己。玉帝即按报上的八人加封仙位。牛头因此没有受封。后人为了纪念这位在功禄面前只记着别人而忘记自己的牛头，就称他为牛头仙，并将其样雕刻于崖上。《向都江城广记》载："八仙山有八峰，其峰峻而齐齐簇立，拔地而起，高逾一百二尺，峰前之崖如刀砍斧削。宋之时，土官姓黄名九霄，为此山所惑，以为仙境，故请磨民依山形雕凿之。"

此外，全州湘山寺放生池利用天然岩石，依势雕刻有 22 尊动物和 1 尊护池僧，动物中有龙、狮子、仙鹤、鱼、蚌、蝙蝠、松鼠等。全州仙家岩依天然崖石雕刻出巨龙戏珠、石狮、石鼓、石桌、石床等。

还有一类摩崖图像，即刻画在岩石上的非文字图像，有将其归为摩崖石刻的，亦有将其归为摩崖造像的，这里姑且将其归为摩崖造像。

● 桂林独秀峰孔子像

　　如桂林独秀峰读书岩洞口上方有元代广西画家丁方钟所绘孔子像摩崖石刻，高80厘米，宽71厘米，阴线刻'元至正五年刻'，有黎载题记。画中，孔子头戴司寇冠，身着司寇服，一派尊贵气势；但面容和蔼，有仁义之态。在独秀峰读书岩摹刻孔子像，用意在于"朝夕瞻敬，永保无荒"。

　　桂林龙隐岩有传说中的观音自画像，造像记记述了该画像的

由来，说的是唐大和年间，有僧到京都信士王仁家，说他善画观音，可置一室七日勿令人看。三日后，有儿童凿壁偷窥，僧人随即隐去，留下半身画像。王仁意识到僧人即观音化身，画像为观音自画像。该像身披璎珞，头戴宝冠，冠上有 3 尊小化佛，额上有慧眼，唇上有蝌蚪纹胡子，表明为观音大士像，即男像。

　　桂林隐山北牖洞有一尊清人摹刻的唐吴道子童子拜观音像，形制为摩崖，碑高 175 厘米，宽 86 厘米，碑刻题记为："唐吴道

● 桂林龙隐岩清代观音像石刻

子笔，清乾隆五十八年六月别日，海宁弟子施守法摹勒。"该像为童子拜观音像，内容源自《华严经》"善财童子五十三参"的故事。善财童子本是福城中一位长者的儿子，因出生时"种种珍宝自然流出"而得名，但他看破红尘，视钱财如粪土，发誓要修行成菩萨，在文殊菩萨指点下，历访53位名师，最后得普贤菩萨教化而示现成菩萨，后成为观音菩萨左近侍，现童子身。

龙胜龙脊镇龙脊村龙脊古壮寨有"三鱼共首"浮雕，三鱼共一首，据说象征着该村同一祖先的三兄弟团结同心。

这些散布于八桂名山的摩崖造像，兼具历史、宗教、文化、艺术、道德、伦理多重价值，值得今人观摩和研究。

● "三鱼共首"浮雕

山水生活

　　公元822年,严谟出任桂管观察使,即担任管辖桂、梧、贺、柳、富、昭、蒙、严、融、思唐等州的军事长官。许多官员为他写诗送行。今人多不识严谟,但为之写诗送行的人却相当有名,主要有韩愈、白居易、张籍、王建等人。他们为严谟写的送行诗成为中国诗歌史上的经典作品,得以留传后世。

　　这些诗除描绘广西的自然山水风光,还写了广西的日常生活或风俗习惯。其中,韩愈盛赞广西物产丰富,"家自种黄柑";白居易羡慕"衙门"在山水外;张籍写到广西的物产、生产及风俗;王建写到广西当地人的居住环境和风俗习惯。从这些诗人的描绘中,我们可以感受到古代广西人在山水间过着一种惬意的生活,这种山水生活令人好奇、向往。当然,诗人们也有意无意遮蔽了一些荒寂、艰辛和无奈。

山水民族：诗意浪漫的山水生活

　　奇山秀水遍布的八桂大地，生活着壮族、汉族、瑶族、苗族、侗族、仫佬族、毛南族等 12 个世居民族。

　　壮族是中国人口最多的少数民族，主要聚居在广西壮族自治区，以及云南的文山壮族苗族自治州、广东的连山壮族瑶族自治县。

　　壮族是典型的山水民族，红水河、左江、右江、驮娘江、金城江、龙江、黔江、郁江均为壮族聚居区的著名河流，天平山、架桥岭、凤凰山、都阳山、大明山、西大明山、十万大山、六诏山等为壮族聚居区的著名山系。

　　布洛陀是壮族的创世神和始祖神，是壮族先民根据自己对生活的认识，按照自己的想象和愿望，塑造出来的一位半人半神的伟大长者形象。布洛陀与天地同生，精通百事，能解百难，一心为人类造福。壮族地区流传许多有关布洛陀的神话，最有名的当属史诗《布洛陀》。史诗《布洛陀》主要流传于红水河流域和左江流域，通常由壮族巫师和道公吟唱。在壮族人民看来，史诗《布洛陀》就是一本历史课本和一部百科全书。壮族民间流传这样一

首歌谣：

> 百张好树叶，难凑花一朵。
> 千百本厚书，不比《布洛陀》。

　　《布洛陀》讲述了布洛陀造天地、造人、造太阳、造火、造谷米、造牛等故事，还讲述了布洛陀为人们划分姓氏的来历——"从此天下人，分成百家姓"。可以看出，《布洛陀》记录了壮族先民的生活和历史。

　　红水河是壮族聚居区的重要河流。布洛陀神话中有布洛陀开红水河的故事，说的是当年大雨造成了大水灾，人类面临灭绝的危险，布洛陀决定带领幸存的人们开凿一条河道，把水疏通，引进海洋。布洛陀制作了一根赶山鞭和一根撬山棍，他用赶山鞭抽打成群的小山，把它们赶到两边，所以红水河有些地方的小山像一群群山羊向两边倚；他用撬山棍撬开巨大的山峰，所以红水河周围的大山都向南面或北面歪斜着。

　　瑶族主要分布在广西、湖南、云南、广东、贵州、江西6个省区。广西是瑶族最大的聚居区，广西瑶族人口超过全国瑶族总人口的一半，有都安、巴马、大化、富川、金秀、恭城6个瑶族自治县，此外，南丹、全州、灌阳、贺州、田林、凌云等县也是重要的瑶族聚居区。

　　千家峒是瑶族人心中的理想家园，是瑶族的发祥地。然而，千家峒究竟在哪里却众说纷纭，这是瑶族文化史上的一个谜。多

● 红水河是壮族聚居区的重要河流

年来，瑶族人孜孜不倦地寻找千家峒，这个瑶族的文化寻根行动被称为"千家峒运动"。根据武汉大学宫哲兵教授的调查，20世纪曾经发生过三次规模较大、影响较大的"千家峒运动"。第一次是1933年湖南省江华县的千家峒运动，持续了一年多，上千瑶民从湖南到了广西北部的石碧洞——他们所认为的千家峒，但这个地方过于荒凉，最后他们不得不返回湖南。第二次是1941年广西大瑶山的千家峒运动，持续了两年多，数万人参与。第三次是1957年广西恭城县、灌阳县的千家峒运动，持续了十多天。瑶族人民为了他们的理想家园寻找千家峒，专家学者则为了解答

● 龙胜瑶族红衣节

这个瑶族文化史的谜题而寻找千家峒。宫哲兵教授花了17年时间，最后确定了以都庞岭主峰韭菜岭为中心，包括广西灌阳县东部、湖南道县西部、湖南江永县西北部这片三县交界的都庞岭山区，就是古代瑶族发祥地千家峒。

毛南族是中国人口较少的民族之一，大多聚居在广西环江毛南族自治县，大环江、小环江为毛南族聚居区的主要河流。

毛南族是一个以地得名的民族。发祥地和传统聚居地称"毛南"。"毛南"位于广西壮族自治区环江毛南自治县西部，包括下南乡全境和水源镇上南社区、民权村、山洞村、各旦村、里腊村、西里村。这一片区域于中华人民共和国成立之初，分属上南、中南、下南三个乡的行政区划，故称"三南"。1956年，国家民族事务委员会批准聚居在环江县"三南"地区及与之接壤的河池拔贡乡下桥村、南丹八圩乡七圩村说毛南语的人群为一个单一民族，因其自称"毛难人"，故定其族名为"毛难族"，1986年改为"毛南族"。

　　毛南族传统祭祀仪式为"肥套"，意思是还愿仪式。毛南族认为，万岁娘娘是主管生育的神仙，人们婚后只有向她许愿求花，才能生儿育女，而且生育后必须向她还愿，否则她会将子女收回去。每个毛南族婚后生育的男子必须举办一次肥套。若因经济困

● 毛南族民间传统节日"肥套"中的傩面

难，本代人未能举办，则下代人必须举办；若超过三代不还愿，必将受到惩罚。肥套分为红筵和黄筵两大部分，红筵主要是还生育大愿，黄筵则是求财保平安。整个过程3—7天，为毛南族人一生最隆重的仪式，所有亲朋到场祝贺。亲家要送一次嫁妆，其他贺客则送贺幛、红包等。仪式由师公主持，主要活动有念经、祭祀、跳傩舞、唱傩歌、表演傩戏、与观众即兴对答等，表现出毛南族先民对生命和自然的理解，是毛南族传统文化的集中体现，被誉为"中国古代戏剧活化石"，在2006年被列入第一批国家级非物质文化遗产名录。

仫佬族的"仫佬"有"种田人"的意思，反映出仫佬族为农耕民族。仫佬族这一族称最早见于宋代朱辅《溪蛮丛笑》一书。仫佬族主要聚居在广西罗城仫佬族自治县。罗城位于广西北部，在云贵高原苗岭山脉的九万大山南麓，有龙江和融江穿境而过，俗称仫佬山乡。仫佬族作家潘琦在文章中将仫佬山乡的特点概括为"三尖"：山头尖——山势神奇秀气；筷头尖——美食热情待客；笔头尖——作家人才辈出。

仫佬族的走坡节颇有特色，这是一个仫佬族青年男女开展社交活动的节日，时间为每年八月十五。仫佬族诗人包玉堂的《走坡组诗》生动地描绘了这个美好的节日，其中一首名为《歌坡小景》，全诗如下：

这里一双戴着草帽的姑娘，
银亮的草帽好像十五的月亮；

那里一对打着油伞的后生，

红艳的油伞好像初升的太阳！

树树野果像珍珠满山，

丛丛枫叶像团团火焰，

歌声随着蜜蜂的金翼，

飞到这边又飞到那边。

呵，美丽的山坡，

布满一双双情人，

歌声像醇美的酒，

把情哥情妹们灌得醉醺醺……

京族是我国为数不多的濒海而居的民族之一，也是一个人口较少的民族，主要居住在广西壮族自治区防城港市。东兴市江平镇的巫头、沥尾、山心三岛，这三岛俗称"京族三岛"。

京族先民大约于 16 世纪初开始陆续从越南的涂山等地迁来中国，最先居住在江平镇附近的寨头村，后来逐渐向巫头、沥尾、山心等地发展。

京族是海洋渔业民族，其最具特色的传统捕捞方式是拉大网。京族大网高 3—4 米，长 1000—2000 米，网眼大而疏，上网纲按一定间距分别绑上泡沫球做的浮子，下网纲按一定间距夹有铅坠。发现鱼群后，将网的一端放在岸上，另一端搁在竹排上，渔民驾着竹排从鱼群一侧驶出，一边往前驶一边放下渔网，形成半圆包围圈。岸上的渔民分成两组，分别从两头把网向岸滩拉。拉网的渔民都束

● 苗族群众吹芦笙

着腰带，腰带绑着一条套有钩子的带子。拉网时，渔民用钩子扣着上网纲，用力向岸倒行，到岸后赶紧脱钩，再向前头搭网纲接着拉。如此循环往复，直到网尽起鱼。作业时，一般需要三四十人。

　　苗族主要分布于湖北、湖南、广西、贵州、四川、云南等省区，广西有融水苗族自治县，此外，隆林各族自治县、龙胜各族自治县、三江侗族自治县、资源县等亦有苗族聚居。

　　芦笙是苗族之魂。苗族男子无人不爱芦笙，无人不吹芦笙。清代俞蛟《乡曲枝词·芦笙》写道："苗寨多在穷岩绝壑间，其地生芦，大逾中指，似竹而无节。截短长共六管，束列匏中为笙。大者长丈余，小者亦五六尺。每管各一孔，吹时手指互相启按，亦成声调。每于农隙或黍稷登场后，合寨中老幼数百人吹之；且吹且舞，为赛神之乐，声振陵谷。"

《岭表纪蛮》中提道："芦笙之历史甚古，……无家不有，无人不学。"

侗族主要聚居在广西、贵州、湖南三省区交界地带，广西有三江侗族自治县，此外，龙胜各族自治县和融水苗族自治县亦有

●鼓楼是侗族村寨最壮观的建筑

侗族聚居。《广西世居民族》中称："侗族常常定居于山谷与溪河
两岸的盆地间，这样的地形，多称为峒或垌，住在这里的居民称
为'峒民'或'垌人'。"

鼓楼和风雨桥是侗族聚居区常见的建筑。通常每个侗寨都有
鼓楼。鼓楼是侗族集会议事和娱乐庆典的场所，是完全的木质结
构，凿榫衔接，严密坚固，可达百年不朽不斜。最著名的鼓楼为
三江侗族自治县八江乡马胖鼓楼。邝露《赤雅》写有一种罗汉楼，
"以大木一株，埋地作独脚楼。高百尺，烧五色瓦覆之，望之若
锦鳞矣。攀男子歌唱饮啖，夜归缘宿其上，以此自豪"。有人认
为当时的罗汉楼即如今的鼓楼。

风雨桥也是侗族比较独特的建筑，亦称为廊桥，集桥、廊、
亭三者为一体，是多山、多河、多雨的侗族聚居区因地制宜的产
物。著名的风雨桥主要有三江侗族自治县林溪乡的程阳桥和独峒
乡岜团村的岜团桥。1965 年，郭沫若为程阳桥赋诗一首：

> 艳说林溪风雨桥，桥长廿丈四寻高。
>
> 重瓴联阁怡神巧，列砥横流入望遥。
>
> 竹木一身坚胜铁，茶林万栽苗新苗。
>
> 何时得上三江道，学把犁锄事体劳。

千百年来，生活在山水之间的广西各族人民以其特有的智慧，
过着诗意浪漫的山水生活，为人类世界留下了宝贵的山水文化遗产。

山水风俗：多姿多彩的民族风情

俗话说，一方水土养一方人。八桂山水，养育着一代代八桂人。生活在山水之间的八桂先民有着与山水关联的各种风俗。

明代解缙的《龙州》诗对广西风俗的描写令人心生向往：

> 龙州百尺石为城，万户层楼树色青。
> 举网得鱼沽美酒，满船明月棹歌声。
> 波罗密树满城闻，铜鼓声喧夜赛神。
> 黄帽葛衣墟市客，青裙锦带冶游人。

这首诗中的棹歌、铜鼓都是典型的广西山水风俗符号，它们传达了广西先民的信仰和性格。

《粤西丛载》记录了八桂先民一年四季的主要节日：

元日设香烛，盛服拜天地君亲及尊长，乡党交贺，三五日而止。迎春日，惟郡城竞看土牛，啖春饼，外乡则否。元夜自初十至十六，各门悬一灯，嬉游以为乐。清明祭墓，新葬者老少聚

● 壮族群众在蚂蚜节上敲铜鼓

哭，远年则否。五月一日至五日，为龙舟竞渡之戏。午日折艾插户，饮菖蒲酒，以角黍相饷，妇人制五色香袋佩之。八月中秋，为赏月之会。九月重阳，携酒登高，乡落或椎牛酾酒，聚众赛会，或有迎神者。十月制纸衣，往墓焚奠，谓之送寒衣。除夕扫庭户，祀神祇，家人毕集燕饮，别具肴饭，以达明旦，谓之送旧迎新云。

　　这段文字讲述了春节、元宵、清明、端午、中秋、重阳、寒衣、除夕等重要节日的风俗，其中有与中原文化相同之处。不少习俗至今仍然流存，有些习俗更是有着鲜明的山水文化特色，如端午节。在桂林的漓江、平乐的桂江、梧州的西江、柳州的柳江、南宁的邕江等流域，民众有端午赛龙舟的风俗。对此，不少古籍皆有记载。如明代王济在《君子堂日询手镜》中描绘了横州的龙舟风俗。

　　明代邝露的《赤雅》记载了桂林漓江的龙舟竞赛，当代学者蓝鸿恩专门为此加了按语：

　　桂林龙舟竞渡，历来有名。笔者于1948年适游桂林，亲观其盛会，那时以郊区自然村神庙为竞赛单位，各置龙舟一，高头翘尾一丈有奇。船以青、红、黄、白、黑为饰，因而有青龙、赤龙、黄龙、白龙、乌龙诸称号。每舟乘坐划浆（桨）者多达百人以上，其服饰皆武士打扮，颜色与龙舟同。当时参赛者百余船，两岸人山人海，绵延二十余里，汇为奇观。惟未见如邝露所言扮古今名

● 柳州市融水龙舟节

将故事，大约亦为风俗之可易也。

八桂人民是热爱生活的，也是充满审美情趣的。龙舟竞渡就是一种充满体育竞技和艺术情趣的节庆活动。八桂人民不仅仅在节庆活动中释放他们的艺术激情，在他们的生产劳动中也随时随地可以看到艺术审美的痕迹。比如这段文献记录：

广南有春堂，以浑木刳为槽，一槽两边约十杵。男女间立，以舂稻粮。敲磕槽舷，皆有遍拍。槽声若鼓，闻于数里，虽思妇之巧弄秋砧，不能比其浏亮也。

　　这段文字记录的是唐代八桂先民舂稻谷的劳动场面。这些从事生产劳动的八桂先民，竟然能够将劳动变成音乐的声音和节奏。

　　劳动需要艺术的调剂，谈情说爱更需要艺术的烘托。广西各民族青年男女谈恋爱多以对歌形式进行。

　　《粤西丛载》亦有相关记录：

　　宾州罗奉岭，去城七里，春秋二社，士女毕集。男女未婚嫁者，以歌诗相应和，自择配偶。各以所执扇帕相搏，谓之博扇。归日，父母即与成礼。

　　八桂人民不仅能歌，而且善舞。广西有一种古老的舞蹈——傩舞，壮族的"跳南堂"、侗族的"还乔王愿"、水族的"拜干散"、毛南族的"肥套"和仫佬族的"还祖先愿"都是向神祈求生子的傩舞祭祀活动。其中，"肥套"是毛南人一生中最隆重的祭祀活动，在"肥套"的过程中，舞蹈者戴着神灵的面具，通过丰富的肢体语言向生育神"婆王"表示感谢并祈求儿孙幸福和家庭兴旺。

　　广西发达的傩文化促进了傩面具制作工艺的发展。早在宋代，广西傩文化就名闻京师，广西傩面具的制作工艺亦令人叹为观止。周去非的《岭外代答》对此作有记录："桂林傩队，自承平时，名闻京师，曰静江诸军傩，而所在坊巷村落，又自有百姓傩。"

　　广西先民不仅在劳动和恋爱中享受音乐的快乐，而且将音乐纳入他们人生的各个方面。"祭祀、婚嫁、丧葬，无一不用乐，虽耕田亦必口乐相之。"八桂先民对音乐的热爱令人震撼。

　　如今，人们提到广西，常常会说到铜鼓。唐代刘恂的《岭表录异》就介绍了铜鼓的材质、形状、图案、制作方法和音响效果，明确指出铜鼓是广西少数民族的乐器。从中我们了解到铜鼓是八桂先民特别珍贵的器物，还与广西的丧葬风俗相关。那些有身份、有地位、有财力的八桂先民，当他们离开这个世界的时候，会随身带上铜鼓，他们要让铜鼓的乐声与他们永远相伴。

山水美食：好山好水盛产好食材

　　广西既有山又有海，是出山珍海味的地方，因为有极其丰富的食材；广西是多民族聚居的地方，同样应该多美味佳肴，毕竟，民以食为天，中国人在吃这方面，一向是不愿委屈的。没到过广西的人，可能未曾听说过广西的美食，可一旦他们深入八桂大地，就会发现许多闻所未闻、尝所未尝的美食。

　　武鸣柠檬鸭、荔浦芋扣肉、全州醋血鸭、阳朔啤酒鱼、梧州纸包鸡、玉林炒牛杂、横县鱼生、陆川白切猪脚、灵马鲇鱼……这些广西名菜听起来就让人想大快朵颐。环江香猪、马山黑山羊、信都三黄鸡、浦北红椎菌、博白空心菜、永福罗汉果、田林八渡笋、京族鱼露、北海生蚝……这些都是广西各地标志性的食物，展现了广西绝佳的食材资源。

　　《舌尖上的中国》导演、电视艺术家陈晓卿认为，广西是中国饮食最复杂的地方。他说："为什么广西没有自己的菜系？因为她的饮食风格太复杂。"广西饮食按地域分为三块：南部的粤语区，包括梧州、玉林、北海、防城港、钦州、南宁，菜式偏粤味；靠近湖南的桂柳话区，涵盖柳州、贺州、桂林，饮食带有中原风

● 啤酒鱼、鱼生、螺蛳粉、老友粉

格；最后是靠近北部的少数民族聚居区，如河池的东兰和南丹、柳州的融水和三江等地，以少数民族饮食为主。

广西美食的丰富多彩、谱系多元，从广西米粉上可以得到验证。

米粉可以说是广西最著名、最普及的美食。在广西，无处无米粉，无人不吃米粉，广西多数人将米粉当作早餐，甚至还有人将米粉当作中餐、晚餐。米粉是广西的方便食品，大街小巷随处可见。然而，由于地域的不同，广西米粉品种之多样令人惊叹。

南宁老友粉、柳州螺蛳粉、桂林米粉、北海海鲜粉、钦州猪脚粉、玉林生料粉、梧州牛腩粉、罗城大头粉、全州红油粉、天等鸡肉粉、桥圩鸭肉粉、蒲庙生榨粉、宾阳酸粉、防城卷粉、南宁粉虫、融水滤粉、罗秀米粉，等等，配料有鸡鸭鱼肉，五花八门，应有尽有。

丰富的品种充分证明了广西米粉的多样性，其中有地域文化的差异，也有民族文化的差异；有海洋文化的差异，也有山地文化的差异。广西米粉虽然品种多样，但大部分出现的时间并不长。南宁老友粉兴起于民国时期。如今风靡全国的网红美食柳州螺蛳粉，更是只有几十年的历史。

相对而言，桂林米粉的历史更悠久，相传秦始皇发兵统一岭南时，修筑灵渠的将士就开始制作米粉。同样，桂林米粉的文化积淀也更为丰厚，有关桂林米粉的文字记录远超其他类型的米粉。比如，20世纪40年代，熊佛西写有《桂林的三宝及其他》一文，其中就有关于桂林米粉的描写，他是这样写的：

桂林还有几样小吃是我个人特别喜欢的。首先，夏天的绿豆沙真是价廉物美，两毫钱一碗，吃了又解渴又消暑，是一般劳苦大众夏季主要的食品。其次是米粉，堪与贵阳的肠肝粉媲美。我最喜悦新华戏院隔壁又益谦的牛肉汤粉，真是鲜美绝伦！而此间闻名的马肉粉我倒觉得其味平平，不过其吃法颇特别：小碗里放着稀稀的几根米粉，清汤中漂着两片薄薄的马肉，一点葱花，少许胡椒，一角五分钱一碗，一人有时可以吃三四十碗。

桂林的米粉担子特别多，几乎到处都是，假使你在晴天的夜晚到中正桥巡礼一趟，你必发现桥头马路旁边尽陈列着米粉担子或果摊，每个担子上挂着一盏油灯，远远望去非常美观。

这样的文字当然为桂林米粉的传播起了重要的推广作用，因此，桂林米粉的知名度一度远超广西其他米粉。

如果说米粉是广西的一种方便美食，那么，油茶则是一种极

 侗族百家宴

● 油茶、桂林米粉

具广西特色的复合型美食。

　　为什么把油茶称作复合型美食？这是因为油茶包括了主食、菜肴和茶三类食物，兼具了用餐和茶艺两种饮食功能，它不仅满足了饱腹的实用、品味的审美，而且还是待客的礼仪。

　　喝油茶，可以至简。在家中或餐馆，端出事先准备好的炸米花、炸花生、炒黄豆、船上糕、酥油果、艾叶粑、碎葱花、鲜香菜和沸油茶，就可以食用。

　　喝油茶，也可以至繁。同样是在家中或餐馆，除了上述的那些配料外，还需要备上鸡鸭鱼肉，煮好火锅，完全就是一场盛宴。

上面说的喝油茶其实已经是通俗的说法，真正地道的说法是打油茶。油茶虽然是用来喝的，但做油茶的方法却是打。打油茶有著名的三件套：一口生铁茶锅、一把木槌、一只竹篾漏斗。生铁茶锅用来烹煮油茶，木槌用来槌打油茶，竹篾漏斗用来过滤茶汤。

"一碗苦，二碗呷，三碗四碗好油茶"，这说的是喝油茶的过程。不过，对于第一次喝油茶的人来说，刚开始或许不是很习惯，然而，习惯之后就会爱上喝油茶。油茶最初是桂东北地区许多乡县的日常饮食，21世纪以来，逐渐在桂林、南宁流行，成为餐饮界的时尚。值得注意的是，广西不同地方的油茶，会打上那个地方鲜明的文化烙印。目前，广西最常见的油茶是恭城油茶，但是，2020年以来，灌阳油茶有后来居上的趋势。除了恭城油茶和灌阳油茶，还有灵川油茶、平乐油茶、龙胜油茶、资源油茶、兴安油茶、全州油茶、三江油茶、融水油茶、金秀油茶、钟山油茶、富川油茶，这是按地域分类的油茶。油茶除了有地域特色，还有民族特色，可分为瑶族油茶、苗族油茶、侗族油茶、壮族油茶和汉族油茶。与米粉一样，广西油茶也呈现出百花齐放的态势。

打油茶是许多广西人的生活方式、待客之道，亦是广西人修身养性、养生休闲的一种途径。

有学者认为，壮侗语民族可能是最早栽培茶树并使用茶的民族。广西既然有打油茶的传统，这就不难让人联想到广西应该有

好茶。按照"好山好水出好茶、名山名水出名茶"的说法，广西这片好山水的确应该出产好茶叶。事实也正是如此。广西山多、云雾多，高温多雨，云雨天多、日照时数少、漫射光多，多红土壤、黄土壤，土质呈酸性，土层深，排水好，这些自然条件决定了广西是十分适宜茶叶生产的地区。

古代文献有关于修仁茶、六峒茶的记载，周去非的《岭外代答》就记录了修仁茶：

静江府修仁县产茶，土人制为方銙。方二寸许而差厚，有供神仙三字者，上也；方五六寸而差薄者，次也；大而粗且薄者，下矣。修仁其名乃甚彰。煮而饮之，其色惨黑，其味严重，能愈头风。古县亦产茶，味与修仁不殊。

这里说到修仁茶可治头痛病。宋代孙觌有《饮修仁茶》诗：

烟云吐长崖，风雨暗古县。
竹舆赪两肩，弛担息微倦。
茗饮初一尝，老父有芹献。
幽姿绝媚妩，著齿得瞑眩。
昏昏嗜睡翁，唤起风洒面。
亦有不平心，尽从毛孔散。

宋代邹浩也有《修仁茶》诗：

其一

味如橄榄久方回，初苦终甘要得知。

不但炎荒能已疾，携归北地亦相宜。

其二

岭南州县接湖南，处处烹煎极口谈。

北苑春芽虽绝品，不能消喝御烟岚。

其三

龙凤新团出帝家，南人不顾自煎茶。

夜光明月真投暗，怅望长安天一涯。

除修仁茶外，六峒茶亦有名，清代张宝在《登月牙山远眺》中专门写到六峒茶：

峭壁巉岏俨月牙，高亭极目望无涯。

螺峰远近堆千点，雉堞回环锁万家。

玉笋瑶簪山似画，丹枫紫柏叶如花。

道人也解游人渴，为我新煎六峒茶。

据《八桂香屑录》可知六峒茶产于资源、兴安之间的猫儿山。民国年间曾有一副对联广为传颂："竹筒自打三花酒，瓦罐亲煎六峒茶。"当时桂林规模稍大的杂货店都在门外的金字招牌上大书"京果海味，六峒细茶"。将六峒茶与三花酒和京果海味联系在一起，足见当年六峒茶之盛名。

● 瑶族姑娘采茶

目前，在市场上小有名气的广西茶叶主要有：绿茶类有凌云白毫、桂平西山、三江春、昭平绿、桂林毛尖、桂林毛峰；红茶类有昭平红、三江红、龙脊红、金秀红；白茶类有凌云白、龙脊白、金秀瑶山白；黑茶类有六堡茶；再加工类有桂林桂花茶和横县茉莉花茶。其中，桂平西山茶亦早有声誉，《中国茶经》称："桂平

西山茶，又名棋盘石西山茶、棋盘仙茗。……西山栽茶始于唐代，到了明代西山茶已享盛名。"

此外，由于广西植物丰富多样，苦丁茶、青钱柳、金线莲、绞股蓝、铁皮石斛等代饮茶亦颇有名。

最后，十万大山的金花茶也值得一提。

　　花色金黄的金花茶隐藏在广西十万大山的低洼处、背阴处、大磐石边，虽然山民们经常见到这种茶树，甚至用这种茶树的花叶给牛治病，但十万大山外面的人们却从未见过花色金黄的茶。

　　此前在典籍中有关于金花茶的记载，在民间亦有关于金花茶的传说，然而，专家们却从未目睹过这种黄色山茶花的真容，20世纪40年代，日本植物学家津山尚踏遍整个中南半岛，寻找开金黄色花的茶树，但无功而返，而后他撰写了《幻想的黄色山茶花历险记》一文。这篇文章又引发了许多人对金花茶的好奇和关注。1960年，中国科学家在十万大山首次发现黄色山茶花。1965年，植物学家胡先骕将其命名为"金花茶"。从此，千百年来隐身于十万大山里的金花茶一举成名，被称为"茶族皇后""东方魔茶"，也被认为是"植物界的大熊猫"。

　　广西有足够好的生态环境，有足够丰富的自然资源，如果说广西美食还不够出名，那不是因为广西的资源不足，而是因为广西的文化积累还不够丰厚。在这个意义上，我们讨论广西山水文化，实际上是赋予广西自然以文化之内涵。

后 记

◆

　　我的专业是中国文学，因为工作在广西，广西文学亦成为我长期关注和阅读的一个板块。在阅读的过程中，我学习到不少广西山水文化的知识。1999年，广西师范大学成立旅游研究所，我有幸成为旅游研究所的创建人之一。研究广西旅游，也是我学习广西山水文化的一个途径。

　　山水文化既有美妙的韵味，亦有神秘的气质，确实很令人向往。这种非专业的学习方式，使我对山水文化保持长久的好奇，也让我产生一些不自量力的愿望：比如写一本广西山水文化的书，建构一个山水文化的体系。思易行难，虽有万千想法，落到实处却不容易。因此，我虽然写过不少广西旅游和广西人文的专题文章，但还从未写过系统化、专业化的山水文化论述。

　　无巧不成书，2020年8月的一天，我接到广西教育出版社张星华女士的电话，她约我写一本《广西山水文化》。

　　因为编辑的诚恳和执着，也因为自己对广西山水文化的那份好奇和热情，我答应了约请。接下来的半年里，我全力以赴投入到书稿的写作当中。

　　山水文化涉及太多的学科，有许多我完全不了解的知识，写作过程中我多次感觉到力不从心。幸好有李逊先生的帮助，凡我需要的资料，他都能以最快的速度帮我找到或买到。这些资料有效地弥补了我许多知识准备的不足，深化和丰富了我关于山水文化的思考。

　　这半年于我而言，是极为特殊的半年。我能找到很多的理由来放弃这本书的写作。幸赖编辑的督促和李逊的帮助，我终于按照出版社要求的时间进度，完成了书稿。

　　如今我庆幸有这样一个机会让我在这特殊的半年时光里以写作的方式观察、理解广西山水及深蕴其间的文化。这次写作让我如此充实和忘我。而在这特殊的半年里，我真的特别需要这种充实和忘我。

　　感谢李桐、王梦祥、衡建军、李乐年等同志为本书提供精美的图片，让本书增色不少。

　　是为后记。

黄伟林

2021 年 6 月